Paul Neumann

Über die älteste französische Version des dem Bischof Marbod zugeschriebenen Lapidarius

Paul Neumann

Über die älteste französische Version des dem Bischof Marbod zugeschriebenen Lapidarius

ISBN/EAN: 9783743336087

Hergestellt in Europa, USA, Kanada, Australien, Japan

Cover: Foto ©ninafisch / pixelio.de

Paul Neumann

Über die älteste französische Version des dem Bischof Marbod zugeschriebenen Lapidarius

Ueber die älteste französische Version des dem Bischof Marbod zugeschriebenen Lapidarius.

Inaugural-Dissertation

welche mit Genehmigung

der

philosophischen Facultät der Universität Breslau

behufs Erlangung der Doctorwürde

Montag den 29. Nov. 1880, Mittags 12 Uhr,

in der kleinen Aula

gegen die Herren Opponenten:

Hermann Flaschel, *cand. phil.*,

Emanuel Welz, *cand. phil.*,

öffentlich vertheidigen wird

PAUL NEUMANN.

BRESLAU.
Druck von Ad. Letzel.
1880.

Seinen

lieben Eltern

in Ehrfurcht und Dankbarkeit

gewidmet

vom Verfasser.

Ueber die älteste französische Version des dem Bischof Marbod zugeschriebenen Lapidarius.

Zweck der folgenden Arbeit ist der Versuch festzustellen, wann und wo die von Beaugendre zuerst edirte französische Uebersetzung des dem Bischof Marbod († 1123) zugeschriebenen Lapidärs angefertigt sei. Zu Grunde liegen dieser Untersuchung:
1. der Text bei Beaugendre[1]) und bei Beckmann[2]),
2. eine Collation der beiden Ausgaben zu Grunde liegenden Pariser Hs. (Fonds latin 14470),
3. die Collation einer zweiten bisher nicht benutzten Hs. (Fonds français 24870).

I. Verhältniss des französischen zum lateinischen Texte.

Es kann kein Zweifel darüber herrschen, dass der französische Lapidär die Uebersetzung der Marbod zugeschriebenen ateinischen Dichtung ist. Zeile für Zeile folgt der Uebersetzer

---
[1]) Hildeberti opera, ed. Beaugendre Paris 1708.
[2]) Marbodi liber lapidum seu de gemnis ed. v. Beckmann, Göttingen 1799.
Anm. Die Turiner Prosaversion des Lapidärs, von der ich durch die Güte des Herrn Professor A. Graf eine Abschrift erhielt, leistete leider, weil eine directe Uebersetzung des lateinischen Textes, nicht die erwartete Hilfe bei den zahlreichen Verderbnissen der beaugendre'schen Hs.

dem Originale und nur selten weicht er hinsichtlich der Gedankenfolge ab, wie bei den lateinischen Versen 190 und 191, 380, 381 und 387; 652 und 655, endlich 679, 684 und 686, die der Verfasser z. B. aus Gründen des Reimes umgestellt hat. Grössere Ausführlichkeit und andrerseits grössere Kürze der Uebersetzung an einzelnen Stellen gegenüber dem lateinischen Original erklärt sich theils auf dieselbe Weise, theils aus der Verschiedenheit der lateinischen und französischen Sprache. Man vergleiche z. B. die lateinischen Verse 131—132

Qui si pertusus digito colloque geratur,
Is qui portat eum perhibetur vincere caussam

mit den französischen 211—214:

Sel est portee el col pendue
A veintre chioses mult ajue;
E ki el dei la portera,
Tutes chioses veintre porra;

oder das kurze lateinische puroque simillima coelo (104) mit den französischen Versen 165—166:

Al ciel resemble, kant est purs
E sen nues, quant nest obscurs.

Doch lässt sich auch absichtliches Kürzen bei dem Uebersetzer nicht verkennen, wenn er z. B. in nüchternster Einfachheit mit den malerischen Versen 410—412:

Ventorum rabie cum turbidus aestuat aër,
Cum tonat horrendum, cum fulgurat igneus aether,
Nubibus illisis, coelo cadit iste lapillus

in den Worten sich abfindet: Si chet o fuildre (590).

Nicht immer lässt sich Rechenschaft über den Grund zur Auslassung von Versen geben; so bei den Versen: 41, 42. 89, 118, 137—138, 169, 174, 189, 200—201, 216, 245, 256, 321, 324, 341, 396, 400—403, 420—421, 435—437, 443—444, 462, 471, 489, 494, 524, 535, 563, 570, 581—582, 587—589, 629, 641—642, 646, 647, 649, 663, 701; die meist der Beschreibung der Steine gewidmet sind oder von Kräften derselben handeln. Dagegen ist leicht ersichtlich, dass die lateinischen Verse 80, 180—182, 192, 215 (?), 351—353, 416—417, 476, 500—501, 539,

622—623, 691 darum unterdrückt wurden, weil der Uebersetzer die darin vorkommenden griechischen Wörter nicht verstand oder sein Publikum über die Etymologie von Steinen griechischer oder römischer Abkunft nicht belehren konnte, wie Marbod, da es beider Sprachen unkundig war. Aus dem gleichen Grunde offenbar fehlen in Hss. des lateinischen Textes der eine oder andere von diesen Versen z. B. v. 180—182 im Codex Victorinus und in den Editionen von Pictorius (1531), Cornarius (1540), Cuspian (1511) und im Wiener Codex; auch der oben erwähnte französische Prosatext des 15. Jahrhunderts zeigt dieselbe Lücke. Nirgends jedoch fehlen sie sämmtlich den bisher benutzten Hss. des lateinischen Lapidärs; daher die Vermuthung gestattet ist, der französische Dichter habe selbst gekürzt, und die andere Annahme ausgeschlossen werden darf, dass diese Kürzungen in der directen lateinischen Quelle der französischen Versification schon vorhanden gewesen seien. Insbesondere spricht hiergegen, dass auch v. 351—353 dem fransösischen Texte fehlt, wo carbunculus aus carbo abgeleitet wird, was jedem Lateinkundigen verständlich war, und jedem Leser eines lateinisch geschriebenen Lapidärs geboten werden konnte. Aehnliche Bewandtniss hat es mit den Versen 57—59, 73, 82—85, 148, 298—299, 328—329, 391, 502, worin irgend eine antiquarische Notiz aus dem Alterthume begegnet, die ebenfalls nicht wohl dem Laien verständlich sein konnte. Diesen Auslassungsn stehen nun aber auch Stellen gegenüber, welche sich nur in der französischen Uebersetzung finden, nämlich v. 55, 144, 206, 209—210, 215, 224, 230, 274, 294—295, 297, 308, 335—339, 437, 498, 526, 531—532, 877—882, 905, worunter die wichtigeren sind:

Vom Calcedoine heisst es:
v. 215   De Sithie est enveiee.

Vom Sardine sagt der Uebersetzer:
v. 293—95   Ruge est, e n'a vertu grant
Fors tant ke toilt sanglutement,
E vers ocit . . . . . .

und vom Topace:
v. 336—339   Faites li cerne del Topace;

Ja ne purra del cerne issir,
Iloc li cunvendra murir.
C'est la provance de la piere
sowie von den Perles:

v. 877—882 Cuntre gute corel (?) est bone
E cuntre tache ke naist en ume.
Cuntre mal d'oilz est sa nature;
Mielz valt la clere ke l'oscure.
Li bon perrier ancienur ·
Tindrent la ruunde a meillur.

Diese Zuthaten finden sich in keiner der bekannten lateinischen Hss; sie werden daher als vom Uebersetzer herrührend betrachtet werden dürfen, dem danach eine gewisse medicinische Sachkunde zuzusprechen ist, und der vermuthlich das lateinische Werkchen durch eigene Zuthaten brauchbarer zu machen suchte. Doch würde man fehlgreifen, wenn man darum und gestützt darauf, dass in der Beaugendre'schen Hs. der französische Text mit dem lateinischen in der Weise verbunden ist, dass hinter der Beschreibung eines Steines in lateinischer Sprache jedes Mal die französische Uebertragung zu folgen pflegt (s. u.), schliessen wollte, wie wohl geschehen ist, Marbod selbst sei der Uebersetzer seiner Dichtung in's Französische gewesen. Insbesondere sind zwischen beiden Texten Widersprüche von so auffälligem Character vorhanden, dass diese Annahme unmöglich wird. So steht

v. 111.   Mais ki l'esgarde alkes suvent,
Si en pert le veement

dem Sinn des lateinischen visumque fovere putatur (66) geradezu entgegen. Ferner liest man im lateinischen Texte v. 106—108, dass der Saphir in Lybien an den „beiden Syrten" gefunden wird; dem Uebersetzer wird dabei Syrtes zum Völkername; vgl.

v. 170—174 Si est truvee en la gravele
De Libe de cele cuntree
E Syrtides est apelee
Por un pople mult ancien,
Ke il apelent Sirtien.

Eine Discrepanz anderer Art ist es, wenn im Abschnitt VII der lateinische Verfasser von 12 Arten des Smaragd spricht, wovon jedoch nur sechs ausführlicher behandelt werden. Die französische Uebersetzung nur letztere berücksichtigend, lässt statt zwölf sechs Arten vorhanden sein:
v. 219   E si resunt de sis maneres.

Der Widerspruch, der zwischen den französischen Versen 225—228, wonach der Calcedon geschätzt und in Scythien gefunden wird, und den lateinischen 139—140 besteht Sunt Calcedonii, reliquos piget enumerare. Praecipuus Scythicis (sc. smaragdis) honor est et gratia major, wonach der geschätzteste Smaragd der scytische ist, wird dadurch beseitigt, dass man den um eine Silbe zu kurzen französischen Vers 228 in einen Relativsatz verwandelt und liest:

Une altre i a ben renomee,
Calcedoine est apelee.
Mult est amee e preisee
[Ki] de Sythie est enveiee.

Bezüglich des Verses 329:

L'une a mireur resemble

gegenüber dem lateinischen 213

Alterius puro color est vicinior auro

sei hier auf pag. 14 verwiesen. Durchaus falsch aufgefasst hat der Uebersetzer die lateinischen Verse 248—249

Quidam marcidior velut evanescit in album,
Ut corruptus aqua vini rubor inesse putetur.

Es wird also hier von einem rothen Steine gesprochen, der etwas in's Weisse übergeht, und dessen Aussehen der zweite Vers näher angiebt. Der Verfasser des französischen Textes hingegen beschreibt zwei Steine und legt dem einen die im lateinischen v. 248, dem andern die in 249 angeführte Farbe bei:
v. 385—386   L'une turne alkes a blanchiur,
L'altre a di vin mesle rouur.

Vom Prasius (§ 40) ferner kennt der Autor drei Arten, einen grünen, einen blutrothgefleckten und einen mit drei glänzend weissen Zeichnungen (figuris) versehenen. Der Uebersetzer spricht nur von zwei Arten, indem er die erste und zweite der Vorlage zu einer verbindet:

v. 751 Prasme est verz, de bele manere

v. 755 Treis blanches tachetes a ceste,
Altre en i a, n'est pas si verte,
Nun a vertuz ne medicines,
Mais ke veinetes a sanguines.

Auch hinsichtlich des Inhaltes von § 43 decken sich die beiden Texte nicht. Dass hier die Verse 795 und 796 umzustellen sind, dafür spricht die grammatische Construction und der lateinische Vers 590:

v. 793—796 Orytes sunt de treis manieres.
Mult i a preciuses pieres.
L'une valt mult cuntre morsure,
Neire e ruunde est de nature.

Aber auch nach dieser Umstellung besteht Widerspruch; denn der lateinische Text legt dem schwarzen und runden Orytes die Kraft bei, tödtliche Bisse von wilden Thieren zu heilen, wenn er mit Rosenöl vermischt wird, und lässt den grünen mit weissen Flecken versehenen vor Unglücksfällen schützen (casibus adversis resistit S. 596). Die französische Version dagegen berichtet, dass der schwarze und runde Stein gegen Unglück und Schlangenbiss, der grüne, weissgefleckte gegen wilde Thiere und Missgeschick Schutz gewährt, — also zum Theil Umkehr, zum Theil Vermischung der Eigenschaften. — Endlich giebt die französische Uebersetzung den lateinischen Vers 638:

Tollitur e conchis species memoranda marinis

auf folgende Weise wieder:

v. 857 En Inde naist en un peisun
Une piere ke perle a num.

v. 860 E lu peisun apelent muisle.

Muisle steht im Reime mit sule (sola) und ist wohl vom lateinischen mola abzuleiten, welches nach Ducange eine Fischart bedeutet. Jedenfalls ist die französische Version mit der lateinischen darin in Widerspruch, dass diese conchae marinae statt der „Fische" bietet.

Diese Stellen dürften genügen, um zu zeigen, dass der Verfasser des lateinischen nicht auch der des französischen Textes, also nicht Marbod sein kann. Der Uebersetzer steht dem Verfasser der lateinischen Vorlage auch an Kenntnissen und an Verständniss des Lateinischen, wie auch in Bezug auf den sprachlichen Ausdruck bei Weitem nach. Zum Erweis für letztere Behauptung genügt es z. B. Verse wie 541—542

Corporis exigui numero dispendia supplet,
Dum tot gemmarum fert gemmula sola colores.

zu vergleichen, denen der Uebersetzer die nichtssagenden Worte 733:

Les culus a en sei petites

entsprechen lässt. Aehnliches findet sich auf jeder Seite, und die Unbeholfenheit des Ausdrucks des französischen Textes ist von der Art, dass man lebhaft an die Gedankendarstellung, wie man ihr in Texten gleich denen Philipps von Thaon etc. begegnet, erinnert wird Auch die Einleitungsworte der französischen Version sprechen ausdrücklich gegen die Autorschaft Marbods; denn dem lateinischen Text zufolge schrieb dieser aus Furcht, es möchte der Gegenstand, den er behandelt, profanirt werden, sein Buch nur für einen beschränkten Freundeskreis:

v. 6 — — — — — — — — libellum.
Qui mihi praecipue, paucis pateret amicis;
Nam majestatem minuit, qui mystica vulgat

während die Einleitung des Uebersetzers den Gegenstand als einen höchst wissenswürdigen, besonders für Aerzte (cfr. v. 33), hinstellt, und im gleichen Sinne die Schlussverse (v. 964 ff.) sich aussprechen. Hiernach ist aber nun die Frage, wann und wo, wenn nicht Marbod als Verfasser des französischen Textes angesehen werden kann, derselbe entstand. Die Beantwortung dieser Frage soll hier an der Hand sprachlicher Criterien versucht werden. Voranzuschicken ist dieser Untersuchung eine Notiz über die beiden Hss., in denen uns die Dichtung erhalten ist, und eine Prüfung ihres gegenseitigen Verhältnisses.

II. Sprache, Alter und Heimath des Lapidärs.

1. Handschriften.

Die älteste Handschrift des Lapidärs befindet sich in der National-Bibliothek zu Paris (Fonds lat. n° 14770). Herr cand. phil. Seibt hatte die Freundlichkeit, mir eine Collation hiervon zu übersenden, wofür ich an dieser Stelle meinen verbindlichsten Dank ausspreche. In L. Delisle: Inventaire des manuscrits latins conservés à la bibliothèque nationale sous les numéros 8823—18613, et faisant suite à la série dont le catalogue a été publié en 1744 (Paris 1863—1871) und zwar in demjenigen Theile dieses Inventaire, der zuerst in der Bibliothèque de l'Ecole des Chartes 6e série, t. v. veröffentlicht worden ist, findet sich folgende Notiz über diese Hs.:

14470. Grand format.
I. Sermo b. Johannis, constant episcopi, de nuptiis Christi et Ecclesiae.[1] —
Liber lapidum, en vers latins et frçs, 4 v° XIII s.
II. Casus decretalium (fol. 41) fin du XIII s.
III. Bulle clericis laicos etc. (fol. 145) XV s.
IV. Sermons et extraits à l'usage des prédicateurs (fol. 147) XIII s.

Der französische Text steht in lesbarer Schrift von fol. 4—35 der Hs. und zwar so, dass die französische Behandlung eines jeden Steines sich direct an den entsprechenden Abschnitt des lateinischen Textes anschliesst; die französischen Stücke sind regelmässig mit einem „de eodem" überschrieben. Jede Seite enthält 29 einspaltige Zeilen. Die 4 Verse die in der Ausgabe von Beaugendre am Ende des Abschnittes über den Ametist stehen, sind, wie die ihnen entsprechenden 2 lateinischen, von

---
[1] Ist die bekannte Coena Cypriani in Prosa.

einer späteren Hand neben die Verse 391—394 geschrieben. Fol. 36 folgt ein Verzeichniss dieser Steine, worin ihre Farbe angegeben wird, während in der folgenden nochmaligen Aufzählung derselben ihre Kräfte und Wirkungen behandelt werden. Das ganze schliesst mit den Worten:
Ici sunt le duze pieres (cf. Beaug. pg. 1686) etc. etc.
Dann folgt auf fol. 41, höchst wahrscheinlich von derselben Hand herrührend, welche die angegebenen 4 französischen Verse und die ihnen entsprechenden 2 lateinischen an den Rand geschrieben hat, ein übersichtliches Verzeichniss aller Steine, die im Vorausgegangenen Behandlung gefunden haben, mit folgender Ueberschrift:
Hic sunt intitulata nomina lapidum preciosorum, quorum virtutes et naturae in isto lapidario declarantur; primo dicitur:

      De Adamante   Aïmant
      De Achate   Acate
      etc.   etc. (cf. Beaug. 1686).

Die Worte, sunt hic superius enumerati L X lapides, bilden den Schluss dieses Verzeichnisses. — Die Hs. zeigt deutlich anglornomannische Eigenthümlichkeiten: für ó tritt mit ganz spärlichen Ausnahmen u ein; ie ist häufig, wie ei, letzteres jedoch nur in seltenen Fällen, durch e wiedergegeben z. B. veer 190, 246; ŏ ist nicht diphthongirt z. B. trovent 36, volt 87 etc.; norm. Formen sind ferner lu, Acc. des masculinen Artikels, agnorm. dum-de unde 27, 100 etc.; andere aus agnorm. Hss. bekannte, wie mier, tiel, humle, numree finden sich auch hier, cf. v. v. 689, 843, 257, 683, 279, 544. Hierzu kommt die Verderbtheit des Verses, der bald ein minder-, bald ein mehrsilbiger achtsilbiger ist. Fremd sind der Hs. die späteren agnorm. Entartungen. Sie schreibt noch nicht au für a vor n, und Formen wie auerai sind in ihr nicht anzutreffen. Was das Alter der Hs. (P) anbetrifft, so versetzt der Catalog der Bibliothek den den Lapidär enthaltenden Theil ins 13. Jahrhundert, wogegen Pannier[1]) sie der Mitte des 12. Jahrhunderts zuweist,

---

[1]) Stengel: Mittheilungen aus französischen Hss. der Turiner Universitäts-Bibliothek pg. 43.

wofür jegoch orthographische Züge nicht sprechen. Die Hs.
zeigt zwar von der Verwandlung von l Consonant zu u Consonant
keine Spur; dieselbe ist dem Schreiber unbekannt oder wenigstens
seiner Vorlage fremd gewesen. Ausser in ille (insula) 292 (schon
Gregors Dial. auch ille etc.) findet sich sodann s, sowohl vor
Muten als auch vor Liquiden, stets erhalten. Aber nachdem
Suchier (Auban pg. 4) durch eine hinreichende Menge agnorm.
Texte constatirt hat, dass e für ei erst Ende des 12. und Anfang
des 13. Jahrhunderts im Agnorm. üblich wird, kann die Hs.
wenigstens nicht viel vor dem Ende des 12. Jahrhunderts angefertigt sein. Auffällig bei Panniers Datirung wäre übrigens
das gänzliche Fehlen der auslautenden, nicht durch Consonanz
gestüzten, und der einlautenden Dentalis (s. u. t.) Nur fut
(3,5 etc.) findet sich stets mit t.

Jünger ist eine zweite Hs. der Pariser Nationalbibliothek,
fonds frçs. 24870 (alt Sorbonne 1682). Auch die Collation dieser
Hs. verdanke ich der Gefälligkeit des Herrn Seibt. Ich bezeichne die Hs. mit S. Sie stammt aus dem 13. Jahrhundert
und enthält hinter 3 lateinischen Tractaten, zwei in französischen
Versen abgefasste Leben des hl. Thibaut, eine poetische Lebensbeschreibung des hl. Etienne und einen recueil de sermons in
französischer Prosa; auf pg. 103--113 folgt der sog. Lapidär
des Marbod. Jede Seite dieses 4° Hs. enthält zwei Mal 31 Zeilen.
Der Anfang jedes die Beschreibung eines Steines umfassenden
Abschnittes ist mit einem grossen, abwechselnd rothen und
blauen, Anfangsbuchstaben bezeichnet. Die Reihenfolge der
Steine weicht von derjenigen in P. ab; sie folgen, P zu Grunde
gelegt, in dieser Ordnung auf einander: Prolog 1. 2. 5. 4. 7.
8. 11. 12. 13. 14. 16. 3. 30. 17. 18. 19. 20. 22. 24 26. 27. 28.
29. 31. 34. 36. Abgesehen davon, dass also bis zu § 36 neun
Steine keine Behandlung gefunden haben, bricht S in der Mitte
des 36. Abschnittes ab; und wenn auch der am Fusse der Seite
sich befindliche Custos „Eufretici" eine Fortsetzung auf dem
nächsten Blatte, welches fast zur Hälfte abgeschnitten ist, vermuthen lässt, so darf man doch nur auf eine Fortsetzung von
wenigen Zeilen schliessen; denn die noch vorhandene zweite

Hälfte des oben abgeschnittenen Blattes, war ursprünglich leer und schliesst unmittelbar an das vorausgehende Blatt an, ohne dass eine Spur von Entfernung von Blättern wahrnehmbar sei. Dialectische Eigenthümlichkeiten von S. sind: lat. a in Pos. giebt ai und a, z. B. 11 Mal ai = habet; das Femininum des Part. perf. der Verben auf ier hat ie statt iee, z. B. taillies: appareillies 59, despecie: proisie 65, etc. Lat. e in Position vor l wird bisweilen a sowohl in betonter als in unbetonter Silbe: apalent 174, apalee 48, 89, 91 etc apelee 172, 226, 326; umgekehrt steht immer meniere nie maniere. Die lateinischen Gruppen en-Consonant, in-Consonant werden meist als an-Consonant dargestellt: secorremant 36, san (sine) 65, samble 134, rant 182, an (in) 38, an (inde) 44, pandu 368 etc. neben senz (sine) 140, en 162, serpenz 446, enfant 456. Ferner sind zu beachten die Formen poinz 102, voincuz 139, voincre 142, voint 595, daneben veint 218; also für den Schreiber ist oi = è, daher auch crest (crescit) 529 Vor g', ch', hinter betonten und unbetonten Vocal, setzt dis Hs. gern i z. B. aige, oige, aiche, oiche in langaiges 4, saiges 3, coraige 15, taichie 115, roige 405, 500, 641. 661, boiche 146, 360, moiches 634. 636, toichier 582, toichera 636; umgekehrt a für ai in mas (mais) 32, 111, 121, 151 etc. Ferner bietet sie nuns (nullus) 37; endlich etymologisch nicht begründetes h im Anlaut: haies (ajudare) 32, haie 158, 698, haue 670. Somit zeigt diese Hs. mehrfache Uebereinstimmung mit der Hs., von der P. Meyer, Romania 1877, handelt, und sie ist daher wie diese auf dem Boden des burgundischen Dialects entstanden. Dass S. viel jünger als P. ist, zeigt die Diphtongirung von O z. B. ou (ubi) 72, 90, 97, preciouses 42, gloriouses 41, 220; die Auflösung von l: autre 22, beaute 168, chaude 259, toudre 503, dou (Art) 128 neben do 337, ou (en le) 87, nou (ne le) 206 etc. (ausgenommen sind nur oisels 643, malfaire 104, malvais 82); und mit burgundischem X: quex 28, mortex 79, itex 98, tex 322, noveax 608, beaux 596, leux 28. Ganz unterdrückt ist l in vite (vilitatem) 120, viz (vilis) 366, was ebenfalls für den Osten spricht. Endlich ist vor Muten und Liquiden s schon öfter unterdrückt: ille 325, vallet 702, refroidit 194, contreindra 206,

ocure 235, croit 576, moiches 634, reignablemant 374. Jung ist ferner der Nominativ hons neben on und die contrahirte Form bue 669:
Venins destruit quant el est bue u. s. w.

2. Handschriftenverhältniss.

S stellt keine von P unabhängige Uebersetzung der lateinischen Vorlage dar. Es besteht inhaltliche Uebereinstimmung zwischen beiden, abgesehen von wenigen, weiter unten behandelten Punkten, beide haben dieselbe Folge der Gedanken, dieselben Lücken und Widersprüche gegenüber dem lateinischen Texte, dieselben Worte, Reime u. s. w. Nur zwei Reimpaare entsprechen sich nicht, v. 113 P matire: mirre, S nature: mure; 467 um saveir: altre pur veir, S savoir on: se li non; matire wird dem Schreiber von S nicht geläufig gewesen sein. Warum er an dem zweiten Reime Anstoss nahm, ist nicht ersichtlich. Umgestellt hat S einige wenige Verse von P: 3 und 4, 195 und 196, 201 und 202, 345 und 346. Dass nun S nicht Vorlage von P war, lehrt 1. die jüngere Orthographie von S 2. der engere Anschluss, den P in Bezug auf die Reihenfolge der Steine an M (Marbod) zeigt. Aber andererseits beruht S, auch nicht auf P; denn vielen von den Verderbnissen, die P zeigt, begegnen wir in S nicht, das dann zu M stimmt, Verderbnisse, zu deren Beseitigung S auf dem Wege der Conjectur und durch Emendationen, die einen geradezu seltenen Scharfsinn voraussetzen liessen, gekommen sein müsste. So bietet S z. B. eine M. völlig entsprechende Gedankenfolge, wenn es die Verse P 139 und 140 in umgekehrter Ordnung bietet. Ausserdem stellt S dem ia von P 140 qui l'a gegenüber:

M 81 Invictum reddit lapis hic quemcunque gerentem,
Extinguitque sitim — — — — — — — —
P 139 La sei tolt di ben sen faillie
N'iert vencuz ia en batallie
S 139 N'iert voincuz qui l'a eu bataille
La soi tout et si (?) bien senz faille

was zu dem gerentem von M vorzüglich passt und Vers und Sinn berichtigt. Andere Stellen derselben Art sind:

M 160 Perficit in viridem magis exactumque colorem,
Ablutus vino, viridique perunctus olivo.

P 264 Et s'il la volt encre vert faire,
Tres bien la let el vin e moille,
Apres si l'uinge de vert uile.

S 264 S'il la vuet entere vert faire
Tres bien la leve en vin et moille,
Apres si l'oigne de vert oille.

Das nicht verständliche encre in P ersetzt S durch die zu M stimmende Lesart entere. Ferner:

P 233 La bien clere est mieldre par veir
Ke l'om poit bien parmi veeir
L'altre qe est plus teinte e oscure
Ice li vent de sa nature.

Selbst k'altre für l'altre gesetzt, gäbe einen wenig befriedigenden, M nicht entsprechenden Sinn:

M 142 Quos visus penetrat, famae potioris habentur;
Quorum luce virens vicinus tingitur aër.

Das Richtige und M Entsprechende bietet S:

233 La bien clere est meodre por voir
Que l'on puet bien por mi veoir.
L'er qui est, tainte et ocure.
Ice li vient de sa nature.

Mit leichter Aenderung lese ich den Vers 235:

L'er qui [i] est, tainte et ocure.

qui i est = lat. vicinus, tainte und ocure 3. Pers. Präs. von tainter und obscurer. — Gegen die Annahme, diese vortrefflichen Lesarten in S rühren vom Schreiber her, ist besonders noch geltend zu machen, dass S die oben besprochenen Widersprüche zwischen P und M nicht beseitigt hat, dass die Reihenfolge der Verse 195 und 196, 201 und 202, 345 und 346 in S gegen P M gestört ist, dass auch S viele Verderbnisse enthält (siehe sogleich im folgenden Alinea). Demnach besteht keine Abhängigkeit der beiden Hss. von einander.

Beide Hss. zeigen nun aber bisweilen dieselben Fehler. In beiden steht v. 329:

L'une a mireur resemble

für M 213: Alterius puro color est vicinior auro; es ist wohl ausser allem Zweifel, dass mit mireur mier or gemeint ist. Beide Hss. zeigen ferner in Vers 233 die sonderbare Ausdrucksweise:

La bien clere est mieldre par veir

wofür la mieldre est bien clere par veir zu setzen ist, entsprechend dem lateinischen von 142:

Quos visus penetrat, famae potioris habentur.

In beiden finden wir auch häufig dieselben Fehler gegen das Versmass, z. B. ist 49 in S und P siebensilbig:

P: Aimas est piere ital

S: Adamanz est pierre ital;

ebenso v. 57:

P: Sur enclume e des pieccettes

S: Sor enclume et des pecetes

cf. noch Vers 78, 89, 133, 189, 226, 227, 228 u. s. w. Andere Verse sind in beiden zu lang:

v. 237 P: N'ele ne mue pas sa belte

S: Ele ne mue pas sa beaute.

cf. auch v. 343. —

Eine solche Uebereinstimmung ist nur möglich, wenn beide Hss. auf einer gemeinschaftlichen Quelle (X) beruhen. Zu untersuchen, ob dieses X die directe Quelle für P und S sei oder nicht, ist bei der Beschaffenheit der beiden Hss. ohne Werth für die Herstellung des Textes von X. Dass dieses X. nicht das Original der französischen Uebertragung sei, lehrt aber die Uebereinstimmung der beiden Hss. in den vielen Fehlern des Sinnes und des Verses. Die Ueberlieferung der Dichtung ist daher eine sehr mangelhafte, und die Aufgabe mit Hilfe von M + X ein Θ (Original) zu erschliessen, entbehrt wesentlicher Hilfsmittel. Die sprachliche Untersuchung des Denkmals kann überhaupt nur auf X sich erstrecken.

3. Sprache.

I. Vocale.

a. Betontes a erscheint in unser Hs. regelmässig als a. Die Präposition per stellt sich immer als par da. Wie im Alexius und Computus entwickelt auch in unserem Denkmal quare eine Doppelform kar 281, 816 und ker 954. Auffällig ist sailt (3. Pers. Präs. von sailir) 486, das man aus Einwirkung von sailir etc. erklären könnte, wäre nicht daneben voilt (*volet) 146, 467, 482, 490, 554, 715 und poit 44, 75, 104, 234, 248 etc. vorhanden. In der Voyage de Charlemagne v. 195 steht sailt ebenfalls statt des gewöhnlichen salt. Die beiden andern Formen kann ich nirgends anderwärts nachweisen. Sie scheinen P. eigenthümlich zu sein. Eine Erklärung versuche ich nicht. Neben tel 63, 71, 477 etc., itels 98, quel 28, 30, 367 finden wir itals im Reime mit cristals 49, 837 das nie die Form cristel hatte und daher ital für X erweisst. Tal scheint im Norden und Osten Frankreichs nicht üblich gewesen zu sein. Einen ähnlichen Reim bietet Benoit[1]) in R: tax: Aiax 9377. Eine derartige Bindung von talis ist im Computus nicht anzutreffen. Wenn die Vie de St. Auban v. 24, 1619, im Reime tal ebenfalls bietet, so ist zu bedenken, dass diese Dichtung der zweiten Hälfte des 13. Jahrhunderts angehört, wo man in England alle continentalen Lauterscheinungen mit geringen Ausnahmen antreffen kann. Der Reim in der Vie de St Auban beweisst also nicht, dass tal in England schon im 12. Jahrhundert üblich wäre — Von unbetontem a ist bemerkenswerth, dass davant 743, 780 und enchantament 74 das ursprüngliche a zeigen. Das Futurum fara 290, 296, 609, 916 im Wechsel mit fera 472, 717, 852 Demselben

---

[1]) Settegast: Benoit de St. More. Ich bezeichne mit R den Roman, mit C. die Chronik.

Schwanken begegnen wir im Roman du meunier d'Arleux¹) von 185, 204. Auch das von P Meyer veröffentlichte burgundische Manuscript kennt die Form faront (a. a. O. pg. 24, v. 32). Zu vergleichen sind damit die Schreibungen faseit, faseient im Roman de Rou.²) Ferner ist i etymologisch nicht gerechtfertigt in faildront 945 und faintosme 78, 161 (Anlehnung an feindre?) neben faldra 374, 741, 781 fantosmes 284, 508. Das aus quisque unus entstandene Pronomen ist als chescun v. 712 erhalten.

e. Auch in unserem Denkmal wird das aus a in offener Silbe entstandene e streng geschieden von dem aus lat. e und i in Position hervorgegangenen. Selbst die beiden letzteren reimen noch nicht mit einander;³) largece: pruece 9, semble: resemble 329, met: pertuset (Diminutivum von pertuis) 303, violete: nete 383, resemble: ensemble 513, met: vaslet 701, ceste: verte 755, verte: rosinete(?) 883, pruece: ivrece 929; nur in senestre: estre 87, 649 ist e aus i in Pos. mit e in Pos. aus e gebunden, aber in senestre kann Anbildung an dexter vorliegen z. B. span. siniestro. Beachtenswerth ist ferner der Reim gete: remete 829. — Das e in erat hat den Klang eines geschlossenen e angenommen, daher der Reim emperere ere: 17. Für e ist ie geschrieben in den Wörtern: mier (mare) 689, 843, tiel 257, 683, lierres 479, neben mer 298, 497, tel 63, 71 etc. Das Gleiche zeigt sich im Computus (pg. 69) und hat wohl darin seinen Grund, dass die agn. Schreiber ie u e mit einander vertauschten, weil sie e auch für ie sprachen. Die Präposition sine ist mit sen 139, 166, 540 etc., senz 65 und seinz 435 wiedergegeben; seinz ist zu beseitigen. — Sowohl für betontes als auch für unbetontes e schreibt die Hs. bisweilen i: si (Pron. conj.) 87, di 386, 873, ki (Conjunction) 538, 861, pitite 274, inimis 84, 126, 142, 581 und enimis 558,

---

¹) Roman du meunier d'Arleux par Enguerrand d'Oisy, ed Fr. Michel, Paris 1833. Oisy ist der Name für zwei Orte im Departement Pas de Calais und im Departement Aisne (o. a. O. Einl.).

²) Andresen: Maistre Wace's Roman de Rou, Heilbronn 1879; II 513.

³) Böhmer; A, E, J im Oxforder Roland, Böhmers Stud. I, 599. Die Reime, in denen e aus lat. o in Pos. mit sich selbst gebunden ist, glaube ich, übergehen zu können.

715, primeraine 876, primerement 957; in letzteren Wörtern ist i noch in späterer Zeit erhalten, auch im Computus primier (pg. 57). In den übrigen Wörtern ist i in Hss. des 12. Jahrhunderts nicht üblich. Das ki für ke könnte darin seine Erklärung finden, dass der Schreiber das ke seiner Vorlage als Relativ auffasste, und da für dieses auch ki gesetzt wurde, letztere Form einführte. Befremdlich bleiben si 87 und di 386. Jedoch findet sich in anderen agn. Texten i für e in unbetonter Silbe; so im Fragment von Gormont et Isembart chimins 442, ricet 439[1]). Neben clarte 648 tritt auch clarete 658 uns entgegen.

1. Für die verschiedenen Quellen des i sind anzuführen: oï 13, 14, amis 125; merci 20, cire 118; berbiz 706; lit 473; païs 545; dis (decem) 148. Die Form nis 636, welche auch Benoit kennt, ist aus neis (ne ipsum) hervorgegangen. Für sic bietet die Hs. immer si, für si schwankt sie zwischen si und se. Für ei ist i eingetreten in boisdie: deslie 183; man vergleiche damit lient (ligent): ocient (occidant) C 16451. Palatales i nach der Tonsilbe in den Endungen alie, ilie, anie, onie, arie, orie wird verschieden geschrieben. Bei alia begegnen wir in P folgenden Darstellungen: batallie 140, bataille 580, 595, paillie 433, paille 539, faillie 139, faille 455, 540. Die wenigen vorhandenen Wörter auf aria, oria zeigen Attraction des i: cuntraire 103, 416, 804, glaire 656, vaire 750, Allectoire 127, memoire 137, victoire 138. Da die Hs. nicht immer den i-Strich anwendet, so kann man in den Wörtern auf ania, onia sowohl in als ni lesen. Die Schreibung mit gn ist ihr unbekannt, ausser wo gn zu Grunde liegt, z. B. regne 2. Beachtenswerth sind die Reime Britaine: lointaine 429, Britaine: primeraine 875; letzterer scheint dafür zu sprechen, dass in Britaine kein mouillirtes n vorhanden war, oder wir haben hier einen incorrecten Reim, wie er öfters in unserem Denkmal auftritt (s. u. Reim). Aehnlichen Bindungen begegnen wir auch sonst, im Roman de Rou: plaine: champaine 515 (a. a. O. 534); benigne: fine 17 in C (Settegast pg. 33).

---

[1]) Heiligbrodt: Fragment de Gormont et Isembart, Böhm. St. III, 536.

o.[1]) Auch bei unserem Dichter ist ǫ nie mit einem ó im Reime gebunden: porte: conforte 153, cunforz: forz 181, fort: mort 253, sot: resemblot 537, ot: pot 585, cors: fors 867, 909. In der Schrift wird ǫ immer durch o wiedergegeben. Eine Ausnahme macht nur aut: o 135, 382, 383, 721, daneben ou 85, 97, 368, 384, 714, u 663 wie Roland etc. In unbetonter Silbe wird das o ebenfalls gewahrt: oi 13, loer 14, mortels 79 u. s. w. Das Participium von aveir lautet ou 702 wie im Computus und Alexius. Das Participium Perf. von conoistre stellt sich in unserer Hs. als cuneu 192, 961, und cunuuz 11 dar, wovon die letztere Form die ältere zu sein scheint.

Betontes ó entsteht aus den bekannten Quellen. Die Hs. bevorzugt die Schreibung u in so hohem Grade, dass in den Wörtern, deren ó = lat. ō ist, mit Ausnahme von ungefähr 2%, immer u angetroffen wird. Auch die nicht geringe Anzahl von Formen, in denen ó einen lat. ŭ oder u in Pos. entspricht, zeigt nur zwei Abweichungen o (ubi) 244, 676, 701 und decors (decursum) 574. In der Endung der 3. Pers. Pl. findet Schwanken zwischen ont und unt statt: ont 351, 622, 704, 967; auront 785, 946, seront 786, font 74, 968, faildront 945, neben unt 30, 71, 954, sunt 27, 31, 32 etc., funt 710, ferunt 638. Die Endung reimt nur mit sich cf. 71, 785, 945, 967. Wie aus o vor m und n + Consonant, so entsteht auch aus ŏ vor m und n ein ó. Es ergiebt sich dies theils aus der Schreibung der Hs. tone (tonat) 869, sune (sonat) 896, om 221, 234, 315 etc. neben um 328, 367, jedoch nur bon und bone, theils aus den Reimen bon: chiapun 127, dune: bone 477, 493, 595, 769, om: regiun 569, om: papirun (?) 599, bone: ume 877. Dem entspricht in unbetonten Silben unuree 376 neben honestement 86, 204, 646, 897, bonement 654, vomira 722. Aus sōliculus sollte man sóleil erwarten, doch sucht man die beweisende Schreibung suleil vergeblich; wohl findet sich andererseits souleil (cf. 238, 605, 633, 647, 835).

Ob lat. ŏ zur Zeit der Abfassung des Lapidärs schon Diphthongirung angenommen hatte, kann bei dem Fehlen von

---

[1]) Ich nehme bei Behandlung des o namentlich Bezug auf Förster: Schicksal des lat. ŏ im Französischen; Böhm. St III, 174.

Reimen mit diesem Vokale nur aus der Schreibung der Hs. ersichtlich werden. Lat. ŏ stellt sich in P gewöhnlich als o dar. Bemerkenswerth sind poit 44, 75, 234, 248, 369, wofür pot nicht vorkommt; voil und voilt (volet) 146, 490, 554, 467, 482, 715 neben volt 87, 162, 197, 203 u. s. w., estoit 551, 564 und esmoilt 700, 716. Sie stellten sich neben unter a besprochenem sailt und sind weder im Alexius, Computus, Roman de Rou, noch in C und R oder sonst anzutreffen. Durch uo ist ŏ wiedergegeben in cuor 563; dieser Form begegnet man zwar in der Eulalia und im Alexius; sie ist aber auch R nicht fremd 14569[1]) und daher nicht als Beweis für ein hohes Alter unseres Denkmals zu betrachten. Man könnte geneigt sein, quor für cuor zu lesen, wie im Roman de Rou 2380, 2385 (Andresen a. a. O. II, 500). Der Roman de Brut jedoch bindet einerseits suor im Reime mit cuor 14569 (Stock a. a. O. 461), andererseits pflegt in ihm, wenn r die Silbe schliesst, ŏ zu ue zu werden, und es liegt daher nahe, auch in cuor den Diphthongen anzuerkennen. — In tornat ist jedenfalls unter Einfluss des r+n, ŏ zu ó übergegangen; P schreibt demgemäss turne 385, aber tor 82. (Förster a. a. O. 183). Rŏsa ist immer mit o wiedergegeben: 384, 797, 884.

Der Abhandlung Förster's (pg. 188) entnehmen wir, dass l, r, v (vr) ein vorausgehendes tonloses ŏ zu ó wandelt, und dass Stellung in offener (roman.) Silbe dieselbe Wirkung hervorbringt. Vergleichen wir hiermit die Schreibung von P:

1. **o + v.** esprovees 40, 960, ovree 53, 363, prove 466, provance 339, novels 608, overtes 32 neben cuvertes 31, trovees 39, 99, 216, 292 etc. neben truvees 27, 90, 170. In betonter Silbe hat trover nie u; formare und despoliare haben o: formee 94, 310, 839 und despoiller 856.
2. **o + r.** curagge 15, curage 845, murir 338, demurance 720, 781,
3. **o + l.** Immer culur 29, 51, 118, 123, 134 etc. und dulur 196, 200, 321 etc., aber dolanz 671, voldreit 535, voldra 915, soleit 242, esmolu 706.

---

[1]) Stock: Phonetik des Roman de Troie etc., Böhm. St. III, 461.

Unsere Hs. bestätigt demnach die Ausführungen Försters.

4. In offener Silbe: poeir 76, odur 114, ruunde (rotunda) 795, 882.

u. Es hat wie überall, auch in unserem Denkmal den Laut ü. Die ziemlich zahlreichen Reime 93, 95, 101, 165 u. s. w. sind ganz rein.

2. Diphthonge.

ai. Der Diphthong ai scheint im Alexius noch nicht den Laut è gehabt zu haben; denn in den zahlreichen Assonanzen auf è findet man kein Wort dem ai zukäme (pg. 38). Dagegen haben wir im Computus drei Fälle, wo ai mit è reimt (pg. 59). Unser Denkmal bindet ai gewöhnlich nur mit sich (14 Mal), aber der Reim maistre: estre 5 zeigt, dass wie in den Werken Philipps so auch hier die reine diphthongische Aussprache im Sinken ist und dem è sich nähert. Die Hs. schreibt, aus welcher Quelle ai auch immer hervorgegangen sein mag, ai; ei und e nur in grendre 61 neben graindre 67, eve 90, 190, 246 etc., eive 134, 716, 908, 927 neben aive 451, 610, 663, 783.

ei ist von oi streng geschieden. Trotz der nicht geringen Anzahl von Wörtern mit ei, bietet P nur selten das agn. e dafür veer 190, 246; ai für ei schreibt P nie. Vor einem Sauselaut hat ei sich entwickelt in richeise 249. Ei reimt weder mit è noch mit ai; nur vor Nasalen scheint es schon die Aussprache è angenommen zu haben (cf. Nas.).

oi, ui, üi. Bei Betrachtung dieser Laute lassen uns die Reime vollständig im Stich. Hauptquelle für òi ist au $+$ i: poi 328, 427, 609, 840; in unbetonter Silbe boisdie 183, 614, oisel 232, 643, noisus 286. Der Diphthong hat ferner zur Grundlage $\bar{o} + i$ und $\breve{o} + i$ im Suffix ŏria und ōria (cf. Förster a. a. O. pg. 182, Stock 463) Allectoire 127, memoire: victoire 137. Aus der Schreibung der Hs. ergiebt sich, dass lat. $\breve{o} + i$ in den bekannten Fällen noch nicht üi lautete; wir finden stets oi: noiz 453, noit 525, 942, enoit: coit (coquit) 315, pois (post) 56, 129, 334 etc., noist (nocet) 478, noisance 614, poisse 690, poissant 6, 122, 159, poissance 30, oilz 199, 261, 420 etc., moille 265, oile

434 neben uile 797, 912 und im Reime moille: uile 265. Ausgenommen den letzten Fall hat P also immer ói als oi, und daher ist oile vorzuziehen. — ói ist sehr spärlich in unserem Denkmal vorhanden; es beruht auf lat. ō in voiz 899, in unbetonter Silbe puisuns 79, 721 neben poisuns 448, 560; auf u vor Nasal + Guttural in point 670, uinge 266 neben oinge 632; also wie u für ó, so auch ui für ói. — ūi entsteht aus lat. ō + i in tuit 487, 745 (?), 934 (?); aus ū + i und ŭ + i in nuiz (nucem) 61, lui 46, 561, 628, 822, celui 359, 409, 717, deduiz 244, fruit 507, fuient 489, 871, 889, destruit 613, 669; aus ū vor assibilirtem c in tresluisant 152, 177, 428; u für ui in unbetonter Silbe in pertuset 304 (cf. Stock a. a. O. 472).

au nur gleich av in aura 110, 360, 502, 634 und saura 470, 965.

eu. Auch dieser Diphthong tritt uns selten entgegen: deu 41, 45, 963, aber auch jeunes 866, wohl dem Schreiber angehörig.

ou. Ueber ou aus aut cf. pg. 18. Sonst findet es sich in den Wörtern auf ŏcus: fou 441, 601, 681 etc., lou 442, 484, 764, 959; ferner luis 28 ist lius zu lesen. Im Imperfectum der 1. Conjugation und im Perfectum von aveir, poeir, saveir, wo ou im Alexius und Computus beliebt ist, zeigt sich hier o: usot 462, resemblot 538, ot 7, 10, 13 etc., pot 586, sot 5, 537, 583, 955.

ie. Es reimt 13 Mal mit sich selbst und in 3 Fällen findet Mischung von ie mit e statt, ein dialectischer Zug des Denkmals:

v. 209 Mult est amee e preisee
E de riche gent ben renumee.

v. 215 De Sithie est enveiee
E de culurs treis est trovee

v. 855 Ke sen peine poissent rober
La maisun e despoiller.

Die Mischung lässt sich mit geringer Mühe beseitigen; in 209 durch Umstellung von amee e preisee; in v. 215, dem zwar in M nichts entspricht, der aber von v. 216 verlangt wird, welcher in M belegt ist, lässt sich für enveiee das Synonymum aportee setzen, das v. 100 und 675 in demselben Sinne wie enveiee verwendet ist. Die Umwandlung von despoiller in das synonyme desrober lässt auch das letzte Reimpaar gleichlautend werden. Dass dem Verfasser des Originals oder dem Schreiber von X die Bindung von ie und e nicht geläufig gewesen ist, bezeugen neben den dreizehn Reimen auf ie, die auf é, deren Zahl sich auf c. 62 beläuft. Irer ist mit ie gebunden: irez: esmaiez 187. Während im Roland das Präsens von geter in den Tiraden auf ie erscheint, reimt es hier mit e aus lat. i in Pos.: gete: remete 829, doch ist der diesen Reim enthaltende Abschnitt ungemein schlecht überliefert. — Verbalsubstantivum im Reime mit einem Verb auf icare bietet multipleier: destorber 507. Die Hs. schwankt in der Schreibung zwischen e und ie; letztere überwiegt in Wörtern, wo ie = lat. ĕ; z. B. piere, das ungefähr 80 Mal vorhanden ist, zeigt nie e. Das Futurum von estre (erit) zeigt bald ie 53, 630, 682, 730, bald e 83, 116, 188 etc.; maneires 26 neben manere 148, 219, 273 etc. und maniere 683, 728, 793. Ueber matire s. u. Dialect. Neent 276 neben neient (ne entem) 526 ist im Lapidär nur zweisilbig. — Die übrigen Diphthonge fehlen.

Bisweilen ist der Diphthong aus der Tonsilbe, wo er berechtigt ist, in die tonlose eingedrungen: sainera 317 neben sanera 708, creindra 370, deceivement 949. Der Diphthong muss in diesen Fällen beseitigt werden; er steht aber mit gutem Recht, wo er einem folgenden Zischlaut seinen Ursprung verdankt: curteisie 21, preisee 209, 227, peisun 857, creissant: apareissant 739, daneben ist 521, issent 866, eissue 832.

3. Nasallaute.

Mit Ausnahme des Reimpaares grant: sanglutement 293 (s. u. Dialect) werden en und an streng auseinander gehalten; vergleiche für an 47, 67, 97, 121, 143, 151, 159, 167, 177, 333, 471, 613, 639, 671, 739, 779, 781, 791, 825, 891; für en 7, 35, 73, 77, 85, 111, 155, 161, 203, 229, 249 etc. Zu beachten ist der Reim dedenz: preinz (praegnans) 775. Ihm an die Seite zu stellen sind entsprechende weibliche im Rolansliede, wofür Koschwitz (Voyage 53) Beispiele beibringt. Mit sich selbst gereimt ist ein peinte: teinte 731. — Un fehlt gänzlich; in tritt nur 381 purpin (?): vin auf; ain: rains (ramus); farains 107, Britaine: lontaine 329, Britaine: primeraine 875 (s. u. i.); un = on: unt: sunt 71, puisuns: tenciuns 79, bon: chiapun 127 u. s. w.— Von den neun Reimen auf ien: 173, 223, 433, 575, 601, 747, 753, 835, 905 ist 433 tient: esteint zu beachten; es findet also hier Bindung von ie und ei statt, was auch in C und R sich zeigt feint: vient C 21670 (Stock, pg. 468, Settegast pg. 27). Waren in diesen Fällen n und m im Reime gesondert, so begegnen wir Mischung von beiden in om: regiun 569, om: papirun 599, d. h. nach ó. Das Wort papirun ist mir unbekannt, M bietet an der entsprechenden Stelle similemque colore pyropo 428. — Auslautendes n ist mit m vertauscht in venim ou d'altre poisun 560 und venim destruit 613; es folgt also kein Lippenlaut. Zu vergleichen ist mum dormant C 1461 (Stock a. a. O. 476). Folgt dem auslautenden m mit vorhergehendem Vokal ein flexivisches oder zum Stamme gehöriges s, so tritt es zu n über tens 18,609, funs (fumus) 486 neben fum 488, venins 79, 103, 669 neben venim 560, 613, nuns 29 neben num 68, 91 u. s. w., chians (campus) 504.

4. Consonanten.

1. **Liquide.** l vor Consonanz ist noch nicht in u aufgelöst. Das erweichte l schreibt P im Auslaute il: vermeil 123, 648, cunseil 124, 125, soleil 238. Ueber inlautendes mouillirtes l ist zum Theil unter i gehandelt worden. War in alia die Darstellungsweise eine mannigfaltige, so auch sonst: moile 55, oile 434, merveilose 464, esturbuilun 594; travalle 158; talliees 59, entallie 108, valliant 160, entallier 388, viellie 708; tailliee 692; sehr häufig ist die neufrz. Schreibung vor dem Ton: vaillant 151, 168, boillant 333, meillor 350 etc. Ueber die Reime chialz: mailz 55, niz: gresilz 643 s. u. Dialect.

m. Auslautendes n nach r ist abgefallen in tor 82, jur 244, 719, 743 etc., char 436, 520, eschar 435; im Reime mireur: jur 243, dulur: jur 711, jur: valur 743, culur: jur 885, 933. Die Gruppe mn zeigt sich als mn in domne Deu 963, assimilirt in femme 179 etc. Mouillirtes u tritt in folgenden Schreibweisen auf: senior 145, granniur 168, 311, 312, 868, Espanie 602, bannier 773, grainur 874, regne 2, malignite 449, oinge 632, uinge 266, estreinge 316.

r. In den vier Reimen tierz: preisez 69, ceste: verte 755, perles: beles 865, verte: rosinete (?) 883 ist r vernachlässigt. Aehnlichen Reimen begegnen wir in C und R, z. B. moleste: reverte (revertatur) C 23709 (Settegast a. a. O. 10).

2. **s** und **z.** Vor Liquiden ist s jedenfalls noch laut. Da Reime fehlen, müssen wir uns an die Schreibung der Hs. halten. Diese hat mit Ausnahme von ille (insula) 292 das s überall gewahrt. Es tritt jedoch auf in muisle 860, wo es etymologisch gar nicht berechtigt ist. Ob der Schreiber das Wort verstanden hat, ist fraglich; vergleiche übrigens in R triesves 527, mestra 29863 (Stock pg. 481). Das Suffix der Ordnungszahlen erscheint als esme in quintesme 746, wofür jedenfalls quincesme zu lesen ist. Dass auch vor Muten s in der Aussprache noch vorhanden war, beweisen die Reime insofern, als sie nur solche Wörter zu binden pflegen, welche beide das s haben. Man vergleiche die Reime escrist: fist 23, senestre: estre 87,649, ist: garist 521, esclarzist: sevelist 939, fist: mist 963 u. s. w. Vernachlässigt ist es in ceste: verte 755. Die Hs. hat das s mit Consequenz beibehalten. Auffallend ist der Reim buche (bucca): musche (musca) 635, auch im Innern des Verses musches 634. Man kann den Reim zu den unreinen zählen oder auch das s als stummes d. h. musche als etymologische Schreibung auffassen. Ich möchte der letzteren Ansicht den Vorzug geben; denn s vor ch wurde jedenfalls, weil eine Gruppe aus verwandten Lauten bildend, sehr bald in der Aussprache vernachlässigt. — z lautete gewiss ts für den Autor unseres Denkmals, da es nie mit s reimt. Es geht zunächst zurück auf in den Auslaut getretenes assibilirtes c vor hellem Vokal braz 87,305, nuiz 61, berbiz 706, 785, voiz 899; ferner sehen wir es in endurzist 761, esclarzist 939. In der Flexion wird z für ts verwendet: arz (artes) 5, vertuz 26, 31, tuz 84, 103, dutez 126, veincuz 140 u. s. w. Ferner erscheint

es statt flexevischen s nach erweichtem l: mielz 82, 880, 948, oilz 199, 317, 420 etc., vielz 672; oils 261 ist demgemäss zu ändern. Nach nicht mouillirtem l tritt s ein: vils 366, cels 74, 493, 725. Ist n vor s ausgefallen, so erscheint z: jurz 451, 682, 894; nach nn in anz 129, 761 neben ans 130. Nach n findet Schwankung zwischen s und z statt: prinz (primus?) 417, malanz 654 neben nuns 29, funs (fumus) 486, larruns 850.

3. **Dentale.** Inlautende Dentalis ist ausgestossen. Dass der Autor sie nicht mehr sprach, beweisen die Reime: idropisie: aie 157, maladie: aie 849, creient (credunt): seient 943. Erhalten ist sie bis heute in gelehrtem odur 114, 443. — Auch die auslautende Dentalis nach Vokalen ist in P durchgehends abgeworfen, ein Beweis, dass der Schreiber den Laut nicht mehr kannte. Wie es der Autor mit der Aussprache der isolirten Dentalis hielt, ist aus den Reimen ersichtlich. Was zunächst die Wörter mit betonter Endung: 3. Pers. — et, — it, — at und Partic. — et, — it, — ut betrifft, so stehen sie weder im Reime mit solchen, die ein t haben müssen, aber auch nicht, bis auf einen Fall, mit solchen, die nie ein t haben können, sondern sie sind nur mit sich selbst gebunden, z. B. gardera: custreindra 205, portera: porra 213, aura: fara 295 u. s. w.; seu: cuneu 191, cuneu: aperceu 961. Ganz ebenso behandelt sind die Substantiva auf atem und utem: plente: vilte 119, belte: clarte 237, 311, cherte: plente 351 u. s. w. Man könnte daher geneigt sein, das t überall einzuführen; nur der Reim Liparea: a (habet) 821 könnte demnach beweisen, dass die Dentalis zur Zeit des Autors in der Aussprache nicht mehr genügende Festigkeit besass. — Das t der 3. Person Sing. Präs. Ind. und Conj. ist der Hs. fremd. Abgesehen von den Fällen, in denen diese Endung mit sich selbst reimt, z. B. porte: conforte 153, 545, resemble: semble 329, ist sie nur mit Abwerfung des t verwendbar boisdie: deslie 183, pendue: ajue 211, faille: travaille 455, dune: bone 493, 595 etc. Was das t im Innern des Verses betrifft, so giebt es in unserem Denkmal eine Anzahl von Versen, in denen durch Beibehaltung des t die richtige Silbenzahl hergestellt wird:

v. 48 Ke l'um apele aimant ¹)
v. 76 Force li dune e poeir = S
v. 303 Ki la perce e dunc i met = S²)
v. 314 E ki la porte enurer = S
v. 441 Si l'um la gette en un fou = S
v. 459 Fer resemble e si le trait = S
v. 534 La piere pisse en gravele³)
v. 542 Redune ele garisun⁴)
v. 575 Amurs dune e le cors tient = S
v. 580 Si om la porte en bataille = S
v. 612 Bon los dune e grant sante = S
v. 635 La piere tenge en sa buche = S
v. 667 Plaie estanche e meneisun = S
v. 684 Dedenz sei port[e] altre piere⁵)
v. 689 Si neve trove en cele mier
v. 690 U ele poisse adeser
v. 768 Si li tuche alqes sovent
v. 775 Ki la percie e met dedenz
v. 842 Lom la trove en la gravele
v. 869 Se il tone en la cuntree.

Nun lässt sich allerdings nicht leugnen, dass in einigen von diesen Versen die Silbenzahl auch auf eine andere Weise erreicht werden kann, was ja die Lesarten von S. beweisen; doch ist das Einsetzen des t das Einfachste, und ausserdem bietet S in den meisten Fällen denselben Wortlaut. Man könnte v. 303 lesen: Ki l'a percee e dunc i met cf. 775; oder der Plural plaies 667 macht den Vers achtsilbig. Da die Conjunction se „wen" facultative Elision zeigt (cf. Elision), könnte man 768 si li in si il i umwandeln, was den incorrecten Vers verschwinden lassen würde. In der grössten Anzahl der angeführten Verse ist jedoch

---

¹) S: Qui est apalee adamant.
²) S hat porte für perce.
³) S: en la gravele (cf. P 842).
⁴) S: Redone ele la garison.
⁵) S: Que dedanz soi . . . .

kaum eine andere Aenderung als Einsetzung von t möglich. — Eine ungefähr gleiche Anzahl von Versen verlangt dagegen Nichtbeibehaltung des t:
 v. 52 Lom la trove en Inde majur
 v. 75 Ki ceste porte e poit aveir
 v. 111 Mais ki l'esgarde alkes suvent
 v. 137 Ki la garde e tient en memoire
 v. 138 Vertu li dune e gran victoire
 v. 158 A femme ke travalle aïe
 v. 223 E altre en porte en sei e tient
 v. 261 Les oils salve e les gardeure
 v. 385 Lune turne alkes a blanchiur
 v. 408 Langurus saine e forsenez
 v. 468 Si sa feme aime altre pur veir
 v. 491 Entr[e] ume e feme dune amur
 v. 510 E meine a bon definement
 v. 565 Meschines guverne e garciuns
 v. 569 El ni des aigles la trove om[1])
 v. 632 De miel oinge un om[e] de lait
 v. 646 Vait ki la porte onestement
 v. 845 Leece dune e bon curage
 v. 905 E garde e en vertu les tient
 v. 932 D'or a culur e semble electre. — — —

In folgenden Wörtern ist die Dentalis in Nominalstämmen in den Auslaut getreten und geschwunden: sei (sitim) 110, 139, mi (medium) 501, 873, pie (pedem) 501, ni (nidum) 548, 569, enoi (in odio) 804, rai (radium) 523, 647, 766, 835, parei (parietem) 836; die Reime sei (se): sei (sitim) 109 und sei (se): dei (digitum) 367 beweisen, dass hier der Autor die Dentalis nicht mehr sprach. — Fut (fuit) 1, 2, 6 etc. erscheint immer mit t. — Erhalten ist t nur, wie allgemein, im Conjunctiv ait, lait (laid nfrz.) und wenn ihm sonst eine Muta vorangeht oder ging: trait: fait 459, ait: lait (lactem) 631, 771, 777, ait: lait (nfrz. laid) 637, trait: ait 801, fait: ait 819. — Nach Liquiden

---

[1]) In der Hs. steht trove lom.

ist t öfter unterdrückt gran 10, 138, 200, 391 etc., sun 27, voil 146, 490, 554, toil 183, tan 308, mul 498, 714, 814, segun 650, ier 730, ces (cest) 966. An Anwendung der Regel des Londoner Documents über das Verstummen von Consonanten ist hierbei nicht zu denken; denn auch vor Vokalen ist die Dentalis nicht gesetzt, z. B. toil envie 183, se voil aveir icest[e] ajue 554, de gran affair[e] ume delivre 556. Ich bin geneigt, dieses Weglassen der Dentalis als einen provenzalischen Zug unseres Denkmals aufzufassen. Entsprechendes tritt auch in C und R auf (cf. Stock 479). — Et und apud schreibt P stets in agn. Weise ohne t. — Tritt t, das durch Consonanz geschützt war, in den Inlaut vor m, so fällt es aus in forment 15, granment 73, 249.

4. **Gutturale.** Abgesehen von Fremdwörtern Acate 89, 99, Calcedoine 207, 226, Caldeis 688, ist für c vor a oder vor e, welches auf a zurückgeht, stets ch eingetreten, wofür vor a häufig chi geschrieben wird chastement 155, eschalfe 432, eschar: char 435, chaice 446, charmes 448, chaste 471, chalde 730 u. s. w. neben chioses 3, chiald 54, chiapun 128, chialur 195, chiastement 203, chiaste 279, blanchiur 385, chiarbuns 483, chians (campus) 504, chiar 520, chiacer 581, chiarra 691, eschialfee 893, chianter 898, chialur 914, chiange 941. Diese Schreibung ist um so werthvoller, als wir ihr in keinem anderen Denkmal begegnen, und sie mehr ausdrückt, als blosses ch. Sowohl für den Schreiber, als für den Autor ist offenbar der tsch- oder sch-Laut hier vorhanden gewesen. Poischant 6 für poissant spricht ebenfalls gegen eine velare Aussprache des ch. In Alchides 583 hingegen ist ch wie in christien aufzufassen. Die Verwendung des chi als diacritisches Zeichen, um den tsch (sch)-Laut auszudrücken, ist jedenfalls wenigstens auf Rechnung von X zu setzen, weil sie keine Hs. aus der 2. Hälfte des 12. Jahrhunderts bietet. Die Annahme Joret's[1]), ch sei im normannischen Gebiete velar gesprochen worden, scheint daher nur für die an die Picardie grenzenden Theile der Normandie richtig zu sein. Das ce, welches

---

[1]) Joret: Du c dans les langues romanes, pg. 234 ff

aus lat. tia cia entstanden ist, muss eine dem ch ähnliche Aussprache gehabt haben; denn beide reimen mit einander estanche: noisance 613. Entsprechende Reime aus älteren normannischen Texten führt Koschwitz (pg. 68) an. Palatales c bietet keinen Anlass zu Bemerkungen. — Vor dunklen Vokalen lautet c wie k, wofür nie ch geschrieben wird. Soll c an dieser Stelle palatale Aussprache annehmen, so setzt die Hs. unsillabisches ci: tenciuns 80, 284, 517, suspeciun 559, garciuns 565. Letzteres Wort beweist, dass auch in tenciuns, suspeciun nicht an das lat. i zu denken ist. Inlautendes c zwischen und vor dunklen Vokalen ist zu g übergegangen in segunt 88, 650, segurement 369 neben seurement 36, 156. Von hohem Interesse ist das die Nachbarschaft des provenzalischen Idioms verkündigende Pronomen negun 800 = neque unus, welches bei Benoit sehr oft vorkommt (cf. Stock a. a. O. pg. 483), in anderen norm. und agn. Texten sich dagegen nicht findet; auch Perle[1]) führt nur Beispiele aus Benoit an.

qu wird in P auf die verschiedenste Weise wiedergegeben, z. B. quel 28, 30 qel 631, conquert 141 neben enkert 248 und qiert 629, alkes 120, 347, 385 neben alqes 768, quant 745, 870, 896 etc. neben qant 482, 893 und kant 165, 371, 431 etc., katre 484, 485. — Mit Ausnahme von qe 454 und qi 462 schreibt die Hs. die Conjunction und das Relativum stets ke und ki. Aus der Praxis von P ergiebt sich, dass zur Zeit des Copisten das u verstummt war. Inwieweit dies auch vom Autor gilt, lässt sich nicht entscheiden.

g. Für das auf deutschem w beruhende gu zeigt P ebenfalls stets g: garde 111, 137, garist 253, garisun 542, 668, gaires 752, 834, garir 911. Soll g vor e und i velar lauten, so setzt unsere Hs. nur g, nicht gu: lungement 466, 704; lengue 201, 626, 738, 818 und sanguines 622, 758 verdanken ihr u dem Latein; ungent 710 dürfte demnach durch unguent ersetzt werden. — Palatales g ist im Anlaut vor a durch i ausgedrückt, ioiz (?)

---

[1]) F. Perle: Die Negation im Altfrz.; Zeitsch. für rom. Phil. III, 17.

372, ialnice 541, ialnur 940. Vor hellen Vokalen steht in- und anlautend etymologisches g: gent 8, 410, 709, argent 7, 85. Aus Italienische und Provenzalische (?) erinnern Schreibungen wie lengagges 4, curagge 15 neben message 16, orages 505, curage 845 etc. Das palatale g wird durch ein vorangestelltes i bezeichnet in ruige (rubens) 272, 405, 500, 567 etc. neben ruge 293, 892, 926.

J, in der Hs. natürlich i geschrieben, steht vor dunklen Vokalen: jur 244, 526, 712 etc., ja 337, jus (Saft) 378, 661, juste (juxta) 893, jamais 900 u. s. w. Vor e und i tritt g dafür ein gette 441, 523, gëu 451, gist 506, geske 740, 744, alge (v. aller) 822; nur jeun (jejunus) 712 macht Ausnahme.

h. Wo es deutscher Herkunft ist, bietet es auch die Hs. hunir 715, hastive 911, het 923; zu dieser Gruppe gehört auch haltement 898. Om und ome zeigen nie h; in den übrigen lat Wörtern steht h nur in honestement 86, 204 neben onestement 646, 897, enorer 252, unuree 376, umurs 423, ures 585, idropisie 157 und den Verbalformen von aveir.

5. **Labiale.** Neben trop 196, 356, 521 findet sich tro 195; ausgefallen ist p in chians (campus) 504, tens 18, 609. — Euphonisches b ist wohl einzuführen in den jedenfalls vom agn. Schreiber herrührenden Formen humle 279 und numree 544, vergleiche semble 330, encumbrement 454. Inlautend vor s schwindet b in oscure 235, 515, 880, 942, oscurera 240, oscurte 354; es sind die in C und R üblichen Formen. Ausgefallen infolge des Antritts von flexivischem t ist v in let (lavet) 265. Vor flexi̯vischem s schwindet v gres (gravis) 77, 283, sues (suavis) 596, aber suef 915. Nicht zu übersehen sind einige höchst interessante Schreibungen: chieu (caput) 200, nou (?) (novem) 323, ou (ovum) 656, grevement (Adverb von gravis) 687, neve (navem) 689. V (u) steht also für auslautendes f, eine offenbar nicht erst von dem späteren Copisten in den Text gebrachte Schreibung und daher ein Zeichen des Alters. Mit den Formen zu vergleichen sind die im Leodegar für caput queu 21 e und 27 b und im Fragment von Valenciennes cheue. In allen diesen Wörtern ist

das u — es wird wohl, da die Hs. v und u nicht unterscheidet, auch neue, greuement zu setzen sein — consonantisch¹), und das befremdliche e in neue, greuement ist demnach als diacritisches Zeichen aufzufassen. Dass das e nicht gesprochen wurde, beweisst der Vers 687, der im anderen Falle um eine Silbe zu lang sein würde:

Sade mult grevement est trovee.

Hinsichtlich der **Gemination** ist die Hs. durchaus nicht consequent; z. B. bei r: piere 131, 136, 267 und so fast ausschliesslich, neben pierres 25, 38, 307, perrier 347, 881; veire (vitrum) 532, veirre 714; stets rr hat terre 12, 176, 430, 688 und das Futurum von poeir 214, 337, 581 u. s. w. — t: gutte 259, 379, gute 877; gette 441, 523, gete 868, 910; pieccettes 57, piecete 363; metra 469, metez 605, 647; — s: cunuissent 34, cunuisance 98; coisse 780, laisast 20, seisante 732; passez 130, groissur 873, grasse 901, aber asis 271; issi (ainsi) 205 neben isi 88, assez 638, asez 785, peisun (piscis) 857, 860; — l: apelent 42, 48, 49, bele: gravele 69, toilent 346, tollent 231, tollez 564; — m: feme 439, 450, 452 etc. neben femme 180; — affaire 556 u. s. w. Infolge des Verstummens von s tritt Gemination auf in ille (insula) 292. Auch Liaison bewirkt bisweilen Doppelconsonanz: dis esset 148, enna 312, nennert 392; ein Beispiel in S quillesgarde = qui l'esgarde 111.

5. Flexion.

Declination.

Substantivum. Die Feminina der 1. Declination werden wie allgemein französisch flectirt. Hinsichtlich der consonantisch auslautenden Feminina sei bemerkt, dass sowohl im Reime als auch im Innern des Verses Schwanken zwischen s- und s-losen Formen

---

¹) Havet: L'v dans le Saint-Léger; Romania 1878, pg. 415 Suchier: Ueber die Mundart des Leodegarliedes; Ztschr. für rom. Phil. II, 298.

im Nominativ sing. stattfindet gent: argent 229, gent: ungent 709, aber dulurs (Acc. Pl.): vigur[s] 321; im Innern pel (pellis) 579, vertu 752, 753, aber porvertez 206. Zweifelhaft ist vertuz 38:
Nul[s] sages om duter ne deit,
K'en pierres gran vertuz ne seit;
denn hier kann vertuz Nom. sg., aber auch Accusativ pl. (cf. S.) sein. — Troglodytae flectirt dem Latein gemäss Nom. Pl. Trogodite: dite 457, Acc. Pl. Trogodites: descrites 527, petites: Trogodites 733.

Bisweilen unterdrückt die Hs. das flexivische s in Nom. Sing. der Masculina z. B. cristal 50, 759, arc 836; aber es ist gesichert durch den Reim reis: Arabeis 1. — Der Nom. Pl. hat die Accusativform angenommen nur in einem Falle farains v. 108 gegen mire 33, perrier 347, 881, plesur 763, 953, alquant 759 u. s. w.:

D'arbres i a peinz les rains
Entallie i sunt farains,

wo farains = feramen (fera venatica) zu sein scheint, als flerains in der Reimchronik des Philippe Mousquet (cf. Du Cange III, 227). — Von den lat. Masculinis auf er kommt nur maistre vor v. 5 und zwar ohne s: maistre: estre. — Masculina mit beweglichem Accent zeigen im Nom. Sing. kein s emperere: ere 17, im Innern des Verses jedoch lierres 479; stammhaft ist s in aimas 49. Hierzu kann man auch om rechnen om: regiun 569, om: papirun 599. Neben aimas 49 finden wir v. 460 aimant als Nom. Sing., und 364 aimas als Acc. Sing. verwendet. Diese Vermischung ist dem Copisten zuzuschreiben und 460 aimas, 364 aimant einzuführen. — Accusative dieser Gruppe sind: enfant 144, 456, 551, 779; aimant 48, 68; ume 122, 141, 159 etc.; senior 145; lairun 854. — Nom. pl. fehlen. — Acc. pl. felups 232, enfanz 285, 672, 772, 903; larruns 850; garciuns 565, umes 180, 187, 672. — An einer Stelle ist um als Acc. Sg. verwendet:

v. 907 Gegolitus se est dunee
En eive a um destrempee,

Vers 908 ist um eine Silbe zu kurz; die Form ume würde ihn correct machen, er muss jedoch lauten:

Gegolitus se est dunee
A ume, en eive destempree.

Adjectivum. Bei den Femininis der Adjectiva einer und zweier Endungen lässt sich im Nom. Sg. ein Schwanken zwischen den Formen mit s und denen ohne s nicht verkennen, ital: cristal 49, cristal: natural 759; in beiden Reimpaaren ist s einzuführen; cristals: spiritals 135; tresluisant: vaillant 177, vaillant bezieht sich auf den Acc. Pl. vertuz, verlangt daher s, also tresluisanz: vaillanz. Förmen ohne s grant: poissant 121, prendre: mendre 827, pesant: sanc 891. Das Versmass sichert mieldre 151:

Mais cele est mieldre e plus vaillant.

Im Innern des Verses und in Reimen, welche aus gleichartigen Femininis gebildet werden, setzt P bald das s, bald nicht, itels 98, tels 322, avenanz: resplendissanz 639 u. s. w. ueben vaillant: tresluisant 151, grant 274, luisant 428 etc. — Einer gleichen Inconsequenz in der Schreibung begegnen wir bei den männlichen Formen der Adjectiva in attributiver und prädicativer Stellung; attributiv un 1, nul 37, grant 437 neben riches 1, sages 37, altres 505, novels 608; prädicativ: poischant 6, meisme 24, cuvenable: resplendissable 163, vencu 886 neben sages 3, amez: renumez 11, cunuuz 11, larges 8 etc. Die s-lose Form, d. h. die Accusativform für den Nominativ ist durch den Reim 555 gesichert:

Ki l'a sur sei, ja nen ert ivre
De gran affaire ume delivre.

Zweifelhaft ist v. 289

E si le sarde est present,
Onice ne vus fara ia nusiment;

denn man könnte ja presenz: nusimenz lesen. 290 ist der einzige elfsilbige Vers des Lapidärs; ich könnte ihn nur auf folgende, freilich etwas gewaltsame Weise achtsilbig machen:

Onice n'us fait nusiment,

also n'us gleich ne vus, eine in den Hss. des Benoit sehr ge-

läufige Form (cf. Stock 485). — Dem Versmass ist das s des Nom. sg. geopfert in 279:
> Humle e chiaste la deit aveir.

Diese Ausnahmefälle gestatten keineswegs die Annahme, dass zur Zeit des Autors der Nominativ dem Accusativ gleichgesetzt war. Dass wir nicht Bindungen finden, die das Auseinanderhalten von Nom. und Accus. beweisen, liegt an der geringen Mannigfaltigkeit der vorkommenden Reimwörter. — Die Adjectiva mit beweglichem Accent nehmen im Nom. Sg. kein s an und beziehen sich im Texte immer auf Substantiva fem. gen. grendre 61, graindre 67, mieldre 151, 175; mendre 828 cf. pg. 33. — Acc. granniur 868, grainur 874, meillor in a meillor 350. Pl. fehlt. Neutrale Prädicats adjectiva sin dseu: cuneu 191, escrit 281 veu, 961, cuneu: aperceu 961. —

Die Adjectiva 1er und 2er Endung haben im Lapidär nur eine Form für beide Geschlechter. Eine Ausnahme bildet ceste: verte 755, verte: rosinete 883. Die Verbaladjectiva auf ant haben noch kein e angenommen. Die adjectivischen Pronomina tel und quel, obgleich gewöhnlich einer Endung 49, 63, 71, 98, 135, 322, 383, 683, 944 etc. 28, 30, 632, lassen auch e zu: teles 945, queles 956, tele 382; letztere beiden Stellen sind unsicher; denn 956
> E queles vertuz eles aveient

ist 9 silbig; ich kann nun statt queles quels oder statt eles els einführen, da els 72 vorkommt. In 382:
> O tele cume gute de vin

ist ebenfalls eine doppelte Aenderung möglich: tele cum oder tel cume; ich wähle die letztere, da sie in S belegt ist. — Ueber das Schicksal des Stammesauslautes ist unter den einzelnen Consonanten gehandelt worden. Das Wichtigste sei hier noch einmal zusammengestellt. Z steht für flexivisches s nach t: tuz 103, vertuz 153, cunforz: forz 181 etc.; in den Participien und Substantiven auf et: povertez 206, dutez 126, chiastrez 129, passez 130 etc.; ferner nach erweichtem l: mailz 56, oilz 199, vielz 672, aber tels 392, vils 366; mit s wechselnd nach n: ans 130, funs 486 neben anz 129, 761, prinz (primos) 417, preinz 550, 776, 812; für rns steht rz in jurz 451, 682, 894. — m ist vor s ausgefallen in vers (vermes) 295, zu n übergegangen in tens 18, nuns 29, prinz 417, funs 486 venins 669, neben num 91, 426 etc., venim 613, fum 488. F verschwindet vor s: gres 77, 283, vis (vivos) 483, sues 596, aber suef 915. Indeklinabel sind Wörter mit stammhaftem s: tens 18, succurs 33, cors 181, braz 305, sens: encens 485, defeis (defensum) 417, curteis 522 etc.

Zahlwörter: Nom. fehlt, Acc. dous 267, 269, 327, 402, 403, 597. Als Nom. erscheint dous 403:

v. 403 Dous sunt trove de dous culurs
L'un trait a neir, l'altre a rouur.

Befremdlich bleiben aber hier die Masculina trove und un, da v. 399 gesagt wird: Celidoine est bone, nun bele und 405 la ruige etc. Noch auffälliger ist die Lesart von S:

Trovees i sont . . . .
L'un trait a noir, l'autre a roiors.

Die Stelle muss also schon in X verdorben gestanden haben. 403 lässt sich leicht ändern:

Dous l'um trove de dous culurs

und um une 404 einzuführen, müsste man lesen:

L'une a neir trait, l'altre a rouur.

Ferner Acc. treis 341, 755, 793; katre 484; cinc 273, 288, 394; sis 219, 310; set 148, 894; nou 323; dis in dis esset 148; duze 528; seisante 732, endlich andous 617. Ordinalia: prinz (Subst.) 417, prime (Subst.) 745, primer im Adverb 957 — tierz 69, tierce 807, 933 (Subst.) — quintesme, jedenfalls quincesme (quinzième) 746.

Pronomina. Die Personalpronomina sind nur spärlich in unserem Denkmal vertreten.

1. Pron. pers. abs.: 1. Pers. Sg. R. ge 43, 473; Obl. und Pl. fehlt. — 2. Pers. fehlt. — 3. Pers. Sg. R. m: il 10, 372, 443 etc. Obl. lui 46, 561, 628, 822; Pl. R. il 174, 231, 352; Obl. els 799; — 3 Ps. Sg. R. f. ele 51, 251, 292 etc. Die Verse 320, 506 verlangen el:

v. 320 Ele li toldra suspir e rut
v. 506 La u ele gist ne fait damages.

beide werden dadurch recht unsicher, dass S andere Lesarten bietet; v. 320 setzt S il auf vins bezogen, 506 lai ou ele est. — 3. Pers. Sg. Ob. f. li 94, 96, 121 etc.; Pl. R. eles 622, 955, 956 (?), 969, els 72; — 3. Ps. Sg. R. n il 869; — 3. Pers. refl. Sg. O. sei 107, 185, 223 etc.

Pron. pers. conj. 1. Pers. Sg. O: me; Plnus 387; — 2. Pers. Pl. O. vus 43, 47, 62, 473; — 3. Pers. Sg. Dativ li 16, 19, 23, 440, 528 etc. — Acc. m. le 142; Acc. f. la 41, 52, 56 etc.; Acc. pl. m. und f. les 261, 726, 905, 230, 231, 960; — 3. Ps. Sg. neutr. le 537, 924. — 3. Ps. refl. Sg. O: se 138, 162, 203 etc. Die übrigen Formen sind nicht vorhanden.

2. Pron. poss. conj. 3. Pers. Sg. O. m: sun 15, 21, 131 etc.; Pl. O. ses 126, 142, 84, lor 29; — 3. Pers. Sg. R. fem. sa 752, 827, 879; Obl. sa 20, 21, 24 etc.; Pl. R. lor 32, 960; Obl. lor und lur 26, 29, 34, 965; ses 440.

Pron. poss. abs. 3. Pers. Sg. O. masc. sen 15; — 3. Pers. Pl. R. f. lur 31. — 3. Pers. Sg. O. n. lur (dellur) 490.

3. Pron. demonstr. Ecce hoc: ce 42, 43, 119, 191 etc. Ferner a., cil und icil: Sg. r. m. cil 490, 917, 955. obl. masc. icel 18, 355, 767; pl. r. cil 34, 347, 487; obl. cels 74, 493, 725 etc.; Sg. r. fem. cele 151, 175, 275; icele 236, 519; obl. cele 175, 176, 549; icele 229; pl. r. celes 954; — b., cist und icist. Sg. masc. o. cest 91, 257; Pl. obl. icez 705. Das ces Acc. sg. in 966 ist durch cest zu ersetzen. Sg. fem. ceste 89, 291, 307, 75, 413, 480; Pl. rect. cestes 71, ces 287, dafür ist cez zu setzen; obl. cez 269. Als Sg. obl. masc. finden wir auch celui 359, 409, 717.

4. Pron. relat. und interr. Sg. und Pl. masc. fem. rect. ist ki und ke; neutr. ke. Dabei bemerken wir, dass das ungemein häufig vorkommende Masculinum immer ki lautet, ausgenommen 315, 347, 537, 608, 712, 957 gegen c. 60 ki. Umgekehrt ist für das Fem. ke die beliebtere Form. Ob diese Unterscheidung graphisch oder phonisch ist, lässt sich nicht sagen. Obl. m. f. n. sg. pl. ke. Unbestimmter Natur ist das ki in v. 64:

D'Araibe en vient de tel manere,
Ki n'est si dure, ne si fiere.

Ki kann hier für die Konjunktion ke[1]) stehen, wie 538, 861; ki für ke bietet der Charlemagne sehr häufig (Koschwitz 85). 5. Artikel. Sg. r. masc. li 18, 45, 271 etc.; obl. lu 2, 9, 20, 68, 488, 739, 860, 940 neben üblicherem le 112, 271, 272, 575 etc., Pl. r. li 31, 735, 759 etc.; Obl. les 5, 107, 182. Sg. fem. la, Pl. les 31, 59, 192; 153, 544. Die übrigen Formen zeigen nichts Merkwürdiges. Unbestimmter Artikel: Masc. sg. nom. un 1, dafür uns zu setzen; acc. un 23, 243; pl. r. fehlt; obl. uns 232; Sg. fem. une, Pl. fehlt.

Conjugation.

1. Personen. Die erste Pers. Präs. zeigt kein s oder e: di 43, sai 191, 280. — 2. Pers. im Sing. fehlt. — Das t der 3. Pers schwankt. — Ein t (d) ist verloren gegangen in: met 701, 775; vait 646, prent 406, 490, 599; veit 95, 328; art 114, 434; aërt 278, 691; ocit 725; chet 407, 590; chiet 442; pert 112. Pt und bt werden t in: set 450, 924; conceit 765, beit 319, deit 37, 85, 279 etc. — Die 1. Pers. Pl. fehlt. — Die 2. Pers. hat in den übrigen Conjugationen das ez der ersten angenommen: tollez 564, veez 335, metez 605, 647. Die 3. Pers. zeigt ent: esclatent 58, trovent 131, apelent 174 etc.

2. Modi. Dem Conjunctiv Präsens der ersten Conjugation gebührt kein e: let (laver) 265, enoit 315, nur moille 265 zeigt ein e wegen des erweichten l[2]). Dass moille nicht Indikativ ist, beweisen die ihm coordinirt stehenden Formen let und uinge. Einzuführen ist wohl der Conjunctiv in v. 780:

v. 779 Feme ke travaille d'enfant
A sa coisse la lie davant.

780 ist neunsilbig; leit (liget) für lie macht ihn correct.

Der erweiterten Form auf iam begegnen wir in alge 822. Die übrigen Conjugationen haben e: uinge 266, 632; poisse 690

---

[1]) S v. 63: D'Arabe vient d'itel meniere
Qu' il n'est . . . . .
[2]) Willenberg: Historische Untersuchung über den Conjunctiv Präsens der 1. schwachen Conjugation im Frzös. Böhm, Stud. III, 410.

etc., und tenge 635. — Den Infinitiv sehen wir als Substantiv verwendet: breier 432, enfanter 552, boillir 642, manger 774, sind Acc. sg.; pensers 346 Acc. pl.

3. Tempora. Den Vokalwechsel zwischen flexionsbetonten und endungsbetonten Formen bezeichnet die Hs. consequent: aime 468, aiment 230, 355; receivent 863, 870; vient 63; tienent 348, 350; veit 95, 328, neben ama 15, cuncene 872, veez 335, vendra 371. —

Präsens. Ich führe nur einige Inchoativformen an: plevis 473; garist 435, 522, establist 484, endurzist 761, perist 871, esclarzist 939. Die 1. Conjugation bietet nichts Merkwürdiges. — Imperfectum. Die 1. Conjugation hat in der 3. Pers. Sg. ot: usot 462, resemblot 538; die übrigen eit: aveit 243, 587, 886; esteit 588; ploveit 611; soleit 242; veeit 244; Pl. aveient 956; valeient 955.- Perfectum. Von schwachen Formen sind vorhanden ama 15, 461; usa 463; porta 584; oï 14. — Futurum und Conditionalis. Etymologisch nicht berechtigt steht rr in chiarra (cadere) 691; berechtigt in requerra 373 neben kereit 22; aus Assimilation einer Dentalis hervorgegangen in: verra 874, porra 214, 581, 619; Metathesis in iverra (ebriare) 389, liverra 455; Metathesis und Assimilation in durra 664 und donra.

Im Folgenden gebe ich eine Zusammenstellung einiger starker Verbalformen:

Aveir. — Part. perf. ou 702, 707.
Estre. — Impf. 3. S. esteit 588, ere 18; ert 392, 476 (?); Fut. 3. S., iert 53, 630, 682; ier 730; ert 83, 188, 555, 607; er 886; sera 354, 362, 372; Perf. 3. S. fut 1, 3, 6, 8 etc.
Aler. — Ind. Pr. 3. S. vait 646. — Conj. Prs. 3. S. alge 822.
Boivre. — Pt. perf. beu 494, 669.
Chaoir. — Ind. Pr. 3. S. chiet 442; chet 407, 590; Fut. 3. S. chiarra 691.
Devoir. — Impf. Conj. 3. Pl. deussent 393.
Estovoir. — Ind. 3. S. Pr. estoit 551, 564.
Gesir. — Ind. Pr. 3. Sg. gist 506; Part. perf. geu 451.
Cunoistre. — Pt. pf. cunuuz 11, cuneu 192, 961.

Oindre. — Conj. Pr. 3. Sg. uinge 266, oinge 632.
Poeir. — Ind. Pr. 3. Sg. poit 44, 75, 104, 234, 248 etc.
Saveir. — Ind. Pr. 3. Sg. set 450, 924. — Perf. 3. Sg. sot
    5, 537, 583, 955, Part. pf. seu 191.
Estreindre. — Conj. Präs. 3. Sg. estreinge 316.
Tenir. — Conj. Pr. 3. Sg. tenge 635.
Veintre 212, 214, 558.
Voleir. — Ind. Pr. 3. Sg. voilt 467, 482, 715; voil 146,
    490, 554.

6. Dialect der Vorlage von PS.

Wenn auch das ältere P durch seine Orthographie und Versüberlieferung den Eindruck einer in England entstandenen Dichtung macht, so fehlt es doch in Vers und Reim an Belegen, wodurch die Ansicht unterstützt werden könnte, dass ausser P auch X oder O in England entstanden sei; denn die pg. 21 behandelte Mischung von ie und e liess sich ja unschwer entfernen. Manches spricht gegen die Entstehung in England; vor allem die Vermischung von ent und ant, welche bei 34 getrennten en Cons. und 19 getrennten an Cons. Reimen sich v. 293 zeigt (der Abschnitt fehlt in S):
    Ruge est e n'a vertu grant
    Fors tant ke toilt sanglutement;
für Vers 294 finden wir im lateinischen Texte nichts Analoges. Das Reimpaar kann von dem Schreiber von X herrühren und O gefehlt haben, jedenfalls rührt es nicht von P her, und daher entstand X (O) nicht in England. Von den altfranzösischen Dialecten des Continents kann für X jedenfalls nicht in Betracht kommen der picardische wegen der Reime sei (se): sei (sitim) 109 und sei (se): dei (digitum) 367; denn hiernach entbehrte die Mundart von X schon des picardischen auslautenden t. Man sucht auch vergebens einen Reim, der das Denkmal der burgundischen Mundart zuweisen würde; jedenfalls sind ei und oi streng getrennt. Dagegen zeigt norm. Ursprung an der Reim sot: resemblot 537. Ist auch eine derartige Bindung im späteren

burgundischen Dialect anzutreffen, so wenden doch ältere Denkmäler, wie die Dichtungen des Chrétien von Troies, sie noch nicht an, weshalb durch diesen Reim als Heimath von X das norm Sprachgebiet indicirt erscheinen darf. Somit ergiebt sich aus der Ueberlieferung eine gewisse Antwort auf die Frage nach der Herkunft des Denkmals doch in sofern, als es nach den Reimen sot: resemblot, — ent: — ant dem Continent entstammt, und es können die Bindungen ie: e nicht beachtet werden. Uebrigens finden sich diese Erscheinungen, wie man sich erinnert, in der Voyage de Charlemagne und den Werken des Benoit de St-More, und auf das Heimathsgebiet des letzteren weisen noch einzelne weitere Momente hin. So das Pronomen negun (cf. pg. 29), ferner der Reim itals: cristals 49, 837, dem entsprechend in R tax: Aïax 9377 (cf. pg. 15) — v. 55 chialz (calidus): mailz (malleus); es reimt l mit mouillirtem Laute. An die Seite zu stellen, ist in R alz (altus): travalz 30800; im Computus nicht belegt. — Unberücksichtigt ist l v. 643 niz (nidos): gresilz, Diminutiv von gresle „Hagel", entsprechend dem lat. v. 468 grandinis improba. Zu vergleichen ist damit R 21895 periz: partiz, in C 2054 oïz: perilz; im Computus: soleilz: meis 2045. Das Suffix eria wird ire in matire: mirre (myrrha) 113; ire ist die gewöhnliche Form in C und R (cf. Settegast pg. 16, Stock 453) R 23127, C 35067 matire: dire. Im Computus ist ein derartiger Reim nicht zu belegen. Es ist demnach wahrscheinlich, dass unser Denkmal in norm. Mundart und in der Benoits von St. More nahestehender Sprache geschrieben ist.

7. Alter des Lapidärs.

Ein Zeichen des Alters ist zunächst die pg. 30 behandelte Schreibung v (u) für auslautendes f: chieu (caput) 200, nou (novem) 323, ou (ovum) 656, grevement (Adverb von gravis) 687, neve (navem) 689. — Hinsichtlich der Flexion sehen wir bei den weiblichen, consonantisch auslautenden Substantiven und den entsprechenden Adjectiven im Nominativ Sing. ein Schwanken zwischen jüngeren und älteren Formen, sowohl im Innern des Verses als auch im Reime (cf. pg. 32 und 33). Ein derartiges Schwanken ist Philippe von Thaon fremd, wie seine Reime beweisen; es ist aber gewöhnlich und bei Weitem stärker hervortretend, im Benoit de St. More (Settegast pg. 43). — Das Z der Flexion, welches im 13. Jahrh. dem eindringenden s weicht, reimt nur mit sich selbst und lautete demgemäss noch ts: amez: renumez 11, chiastrez: passez 129, cunforz: forz 181 etc. Selbst die Hs. schreibt mit ganz geringen Ausnahmen Z. Auch das auf c vor hellem Vokal beruhende Z ist in der Hs. treu bewahrt; im Reim diz: berbiz 705. —

Im Alexius (a. a. O. 21) ist der Artikel masc. sg. noch nicht elidirt. Im Computus zeigt sich facultative Elision (pg. 33). Der Lapidär bedient sich des Wortes selten; es ist elidirt 48, 52, 56 etc. Nicht elidirt 258; zweifelhaft v. 55:

Lom li moile tan kest chialz;

um die Silbenzahl herzustellen, kann man sowohl li om einführen wie v. 258, als auch ke est. — Ge findet sich nur zwei Mal und zwar vor consonantischem Anlaut. — Ço elidirt sein o im Alexiusliede wahrscheinlich noch nicht; im Computus ist es facultiv, im Lapidär scheint dasselbe stattzufinden: Elision v. 339 c'est, Nichtelision 607 ce ert, 760 ce est. — Der Diphthong ai, welcher im Alexius noch nicht den Laut è gehabt zu haben scheint, beginnt in unserem Denkmal, wie der Reim maistre: estre 5 beweist, seine rein diphthongische Aussprache zu verlieren; es ähnelt also hierin der Lapidär dem Computus. — Ent und ant vermischen sich im Allgemeinen noch nicht im Lapidär (cf. oben); es zählt 19 Reime auf ant, 34 auf ent. Aus der Bindung grant: sanglutement 293 können wir jedoch schliessen, dass beide Endungen denselben Laut anzunehmen begannen, wofür wir im Alexius ein Beispiel vergebens suchen. — Wie im Computus reimt im Lapidär ei nur mit sich selbst, nie mit è oder ai; es scheint also noch rein diphthongisch gesprochen worden zu sein.

Nur zwei Reimpaare machen Schwierigkeiten 895 und 775.
 v. 895 Kalcofanos est piere neire,
    Quant um la fiert, si sune e nerre.

Der entsprechende Vers 675 in M:
Chalcophonos pulsata refert tinnitibus aera
bringt mich auf die Vermuthung, nerre als veire = vibrat zu
lesen. Ich habe zwar das Verbum in anderen Texten vergeblich
gesucht. Da es aber dem Sinn der Stelle und lautgesetzlich
vĭbrat entspricht (cf. bibere — beivre — beire — boire) nehme
ich keinen Anstand, es in den Text zu setzen. Vers 775 ist
dedenz mit preinz (prägnans) zu einem Reimpaare verbunden.
Vor Nasalen scheint demnach ei den è-Laut gehabt zu haben
(s. u. Nasale). — Wichtig für die Bestimmung des Alters ist
die Behandlung des t in der 3. Sing. Präs. Ind. und Conj. Bekanntlich wurde das t im Alexius noch gesprochen und hinderte
die Elision des tonlosen e. Der Computus zeigt Schwächung
dieses t, es wurde des Versmasses wegen vernachlässigt. Doch
geht aus dem Verhältniss der Elision und Nichtelision (2 : 10)
hervor, dass Philipp diese Licenz gern mied (cf. Mall a. a. O.
pg. 21). Im Bestiär ist die Elision häufiger, und unser Denkmal
bietet in fast gleicher Anzahl Fälle von Elision und Nichtelision.

Der Lapidär ist hiernach einerseits jünger als das Alexiuslied, andrerseits theilt er einige Züge mit dem Computus. Dass
er aber auf einer jüngeren Stufe der Sprachentwickelung steht,
dafür liefert den Beweis die öftere Elision des t, worin er dem
Bestiär sich nähert. Ich glaube daher annehmen zu dürfen, die
franz. Version des Lapidärs gehört wie der Bestiär dem ersten
Drittel des 12. Jahrhunderts an. Für eine so frühe Zeit erscheint
es glaubhaft, dass man auch in England noch nicht den Sinn
für correcten Versbau verloren hatte, wie das ja aus den fast
durchgängig reinen Sechssilblern eines Philipp hervorgeht, und
dass der Lapidär ursprünglich in Achtsilblern abgefasst war.
Das häufige Vorkommen von sieben-, neunsilbigen Versen etc.
rührt von der Nachlässigkeit des Schreibers her, was auch S
beweisst, das in einer nicht kleinen Anzahl von Fällen die correcten Verse liefert. War ich oben nicht in der Lage, das Denkmal dem norm. oder agnorm. Dialecte mit Bestimmtheit zuzuweisen, so ist dies demnach im Grossen und Ganzen für meine
Untersuchung von untergeordneter Bedeutung.

8. Metrisches.

Vers. Unser Denkmal ist ein Gemisch von sechs-, sieben-, acht-, neun-, zehn- und einem elfsilbigen Verse, wobei jedoch die Zahl der achtsilbigen, die der anderen weit hinter sich zurücklässt. Schon oben habe ich bemerkt, wir müssen den Lapidär nach seiner ursprünglichen Gestalt als in achtsilbigen Versen abgefasst betrachten; alle zu kurzen oder zu langen Verse sind auf Kosten des Schreibers zu setzen. Bei der von mir beabsichtigten Herausgabe des Textes wird es sich in der That zeigen, dass der grösste Theil der Verse, welche dem angegebenen Metrum nicht entsprechen, mit nur geringen Aenderungen beseitigt werden kann. Die grösste Schwierigkeit machen die Zehnsilbler. Für ein einheitliches Versmass, sowie für den Ursprung von X auf dem Continent, spricht auch S, wo viele in P incorrecte Verse achtsilbig überliefert sind. Vom Schreiber können diese correcten Verse schon deshalb nicht herrühren, weil S in P correcte Verse verdorben bietet, z. B. v. 99, 144, 387 u. s. w. Es muss also die gemeinschaftliche Vorlage X eine grössere Anzahl von Achtsilblern enthalten haben als P. Jedoch auch X kann nicht von incorrecten Versen frei gewesen sein, da in P und S bisweilen an derselben Stelle Verstösse gegen die Silbenzahl des Verses begegnen. Leider lässt uns S hinsichtlich der Zehnsilbler in Stich; denn die Abschnitte, worin sie vorkommen, fehlen.

Reim. Der Lapidär ist in paarweise gereimten Versen geschrieben, freilich nicht, ohne dass dem Autor einige unvollkommene Bindungen mit untergelaufen wären: chialz: mailz 55, tierz: preisez 69, niz: gresilz 643, ceste: verte 755, perles: beles 865, verte: rosinete 883, bone: ume 877. Als Assonanz ist aufzufassen Cypre: Aufrike 619. Der Autor zeichnet sich überdies aus durch seine Armuth an Reimen; so werden in denen auf a gewöhnlich Verbalformen mit einander gebunden, in den auf ie sind: chere, manere, piere die fast ausschliesslich verwendeten Reimwörter. Darin stellt sich der Uebersetzer dem Brandan und Philipp v. Thaon nahe.

Hiat, Elision und Aphärese. Bezüglich des Hiat gelten für einsilbige Wörter die für den Alexius (pg. 131 ff) und Computus (30 ff) aufgestellten Regeln. Li Art. masc. sg. ist eben besprochen worden. Der Plural li zeigt Nichtelision 789. Die Elision ist facultativ bei dem Sing. des männlichen Artikels li, bei ce, ke, se (si), si (sic), li Dativ des Personalpronomens. Die Elision muss eintreten bei ne (non), bei den Pronomen le, la, se, dem Artikel le, la und de. Elision 1., bei Art. Sing. li: 48, 52, 56, 318 etc; 2. ce 339, 482 ist zweifelhaft. 3. ke: 24, 38, 57, 117, 254 etc. 4. se: 54, 211, 264, 319, 448 etc. 5. si (sic): 344 (?), 414, 578, 641, 670 etc. 6. Dativ li 551, zweifelhaft ist 564:

Tollez la piere manger l'estoit;

hier ist vielleicht li estoit zu setzen, also zehnsilbiger Vers, oder durch Einführung des Sing. tol oder durch Weglassung von piere der Achtsilbler herzustellen. Nichtelision 1., li: 258, 2., ce: 607, 760. Zweifelhaft 482:

P: Qant ce est kil voilt embler
S: E c'est quant il j vuet embler.

3. ke: 55 (?), 58, 91, 96, 106 etc. 4. se (si): 315, 392, 580 etc. 5. si (sic): 5, 114, 170, 198 etc. 6. li 19, 23, 315, 742. Ne (nec) findet sich 505, 804 nicht elidirt. Für ne (non) existirt vor Vokalen nen 555, 630. Für die obligatorische Elision bedarf es keiner Beispiele. — Die Frage, ob e nach mehrfacher Consonanz den Hiat vertragen kann, ist für unser Denkmal, weil es sehr mangelhaft überliefert ist, schwer zu entscheiden. (v. 152, 423, 471, 750, 816). Aphärese tritt auf bei en und est: si'n 328, fou'st 681. Die Inclination bietet nichts Merkwürdiges.

Hiermit glaube ich das Wichtigste über die Sprache des Lapidärs zur Darstellung gebracht zu haben. Zwar ist manche Erscheinnng, z. B. unbekannte Wörter etc., unerörtert geblieben; doch werde ich nicht verfehlen, in den Anmerknngen zu der von mir beabsichtigten Textausgabe diese Lücken auszufüllen.

Lebenslauf.

Ich, Paul Neumann, evangelischer Confession, bin am 21. November 1856 zu Berlin geboren. Meine Eltern, Theodor Neumann, königlicher Musikdirector im 2. Oberschlesischen Infanterie- Regiment Nr. 23, und seine Frau Emma, geb. Heymann, wohnen in Neisse. Nach Absolvirung der Realschule I. Ord. zu Neisse bezog ich im April 1876 die Universität Berlin, um mich dem Studium der neueren Sprachen zu widmen, welches ich seit April 1879 in Breslau fortsetzte. In Berlin hörte ich Vorlesungen bei den Herren Professoren und Docenten: *Droysen, Kiepert, Müllenhoff, Prutz, Scherer, Tobler, v. Treitschke, Zeller, Zupitza;* in Breslau bei: *Dilthey, Groeber, Junkmann, Kölbing, Neumann, Partsch, Reifferscheid, Roepell, Weber.*

Allen genannten Herren, insbesondere aber Herrn Prof. Dr. *Groeber,* der mich bei meinen Arbeiten so freundlich unterstützte, fühle ich mich zu grösstem Dank verpflichtet.

Thesen:

1. Die älteste französische Version des dem Bischof Marbod zugeschriebenen Lapidarius ist bezüglich des Alters dem Bestiair des Philippe von Thaun nahestehend.
2. Bei dem jetzigen Stande der Wissenschaft ist es unmöglich, den Dialect der ältesten französischen Version des Lapidarius mit Sicherheit zu bestimmen.
3. Das Anglonormannische in England ist eine Kunstsprache, die in den der Regierung nahestehenden Kreisen gesprochen wurde.
4. Mazarins erfolgreiche innere und äussere Politik war wesentlich die Frucht der politischen Saat Richelieus.

Anmerkung zu pag. 32 oben: Zu ergänzen ist nach gent: argent 229 der Reim maisun: esturbuilun 593.